U0062315

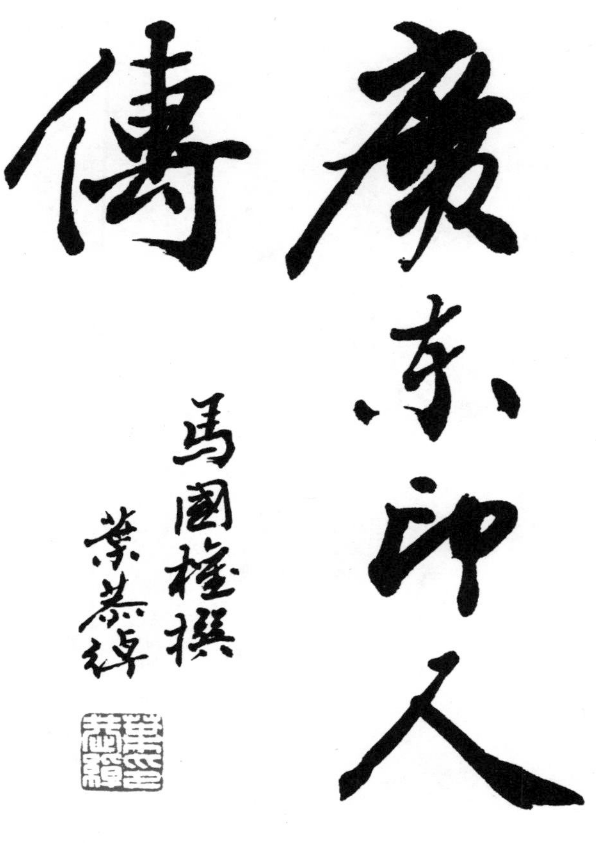

馬國權——著　茅子良——訂

上海書畫出版社

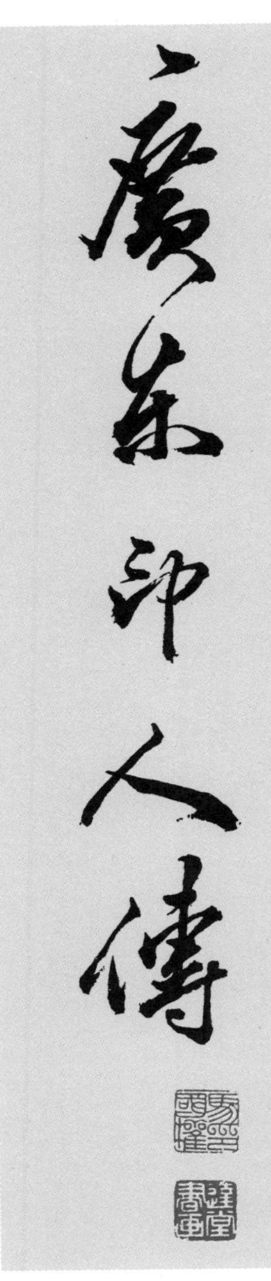
廣東印人傳

作者簡介

馬國權（一九三一·十·二十六——二〇〇二·四·二十七），字達堂。祖籍廣東南海，生於廣州。中山大學古文字學副博士研究生畢業，師從容庚先生。歷主中山大學、暨南大學教席。一九七九年移職香港《大公報》撰述員，兼香港中文大學考古藝術研究中心研究員。曾任中國古文字研究會理事、中國書法家協會學術委員會委員、暨南大學及廣州美術學院客座教授、西泠印社理事等。榮休後僑居多倫多，任加拿大中國書法協會副會長。一九九六年獲加拿大頒授傑出成就獎。年底返港，次年一月任香港中文大學文物館研究員。一九九九年再任香港中文大學藝術系兼任講師，講授《書法》科目。後爲香港康樂及文化事務署藝術顧問和博物館名譽顧問、學海書樓董事。一生多次受邀至日本、韓國、新加坡等地講學、辦展，論著頗豐，主要有《書譜譯注》、《書法源流絶句》、《智永草書千字文草法解説》、《隸書千字文隸法解説》、《元刻草訣百韻歌箋注》、《補訂急就章偏旁歌譯注》、《廣東印人傳》、《近代印人傳》、《馬國權篆刻集》、《馬國權印學論集》、《章草字典》等，部分著作被譯成日、英、韓、葡文，惠澤全球。

序　言

從一九六三年春天起，我利用教學和科學研究的餘閒，開始搜集廣東印學方面的資料。一方面搜輯廣東歷年出土的古印，從兩漢到南明，輯集了官私印及南越殘瓦上的印記好幾十方，并作了初步考證，編成《廣東古印集存》。另一方面，就是編集明清以至近代印人的史事、刻印，這就是呈獻在讀者面前的這本《廣東印人傳》。其初是隨寫隨在報章上連載的，現在是整理重訂了。

廣東氣候潮濕，譜牒保存不易，特別是歷經戰亂，收藏之家，藏品多已散佚，現在要編集一本既有史事、又附作品的印人傳，確是遇到不少困難的。往往有史無印，或有印無史；有時爲了解一人的生卒年，每每奔跑翻書再四。如了解梁于渭的史事，經人輾轉介紹，找到了梁于渭最後的一個書僮，這書僮已是八十開外的老人了，亦僅知卒年，而生年不詳。類此之事，不一而足，此中甘苦，非局外人所能詳知。但是，如果現在不作，將來不是更困難嗎？結果還是動手了。假若一人所見有限，將來有别的同好予以補充修正，群策群力，這對廣東印學研究的發展，顯然是有好處的。

談明清的刻印，一般都從文彭、何震談起。根據記載，廣東跟文、何時代相仿佛的著名篆刻家，有方伯倩、馬元伯、郭安世、邱穎叔、李子木、黎孺旬、何伯友、袁登道、黄仲亨、張穆、鄧逢京、朱光夜等人。而現在能看到他們作品的，僅有袁登道、黄仲亨、張穆、鄧逢京、朱光夜五人而已。袁、黄、張、鄧四家主要取法漢人，渾樸可喜；朱光夜則似有何震一派的影響，驅刀如筆，錯落有致，在當時頗爲伍瑞隆、張萱、陳子壯、何吾騶等文士的推重，聲望很高。據説其子今普和尚，印藝也很有成就。

有清一代，因爲金石學的興盛和推助，廣東印壇也呈現一派繁榮的景象。乾隆間，對漢印有深入研究的謝景卿，曾把他的摹古印章輯爲《秦漢銅章撮集》四册，摹擬之精，即置之古印之林亦自當選。他的自刻印，白文擬漢鑄，朱文則學元人及文三橋流麗遒勁一路，清雅静穆，韻致很高。有詩、書、畫、印『四絶』之稱的黎簡，其印亦法漢人，且能鑄印，作品淳厚古樸，惜爲畫名所掩。陳澧在專攻經史文字之餘，偶爲刻印，造詣極深。在嘉道間師法漢印著名者，還有陳璞、李陽、何瑛、謝曜、李魁、尹右等。李魁是爲祠堂廟宇專畫壁畫的民間藝人，他的篆刻，莽蒼雄渾，師古而不泥古，如同他的山水畫一樣，頗有一番氣魄。清代中葉，浙派印風一時風靡全國，廣東亦受濡染，特別是浙派印人常雲生、余曼盦的來粵，授徒傳藝，更起了推動的作用。從道光至清末，以浙派印藝著稱的，有柯有榛、孟鴻光、張敬修、張嘉謨、何瑗玉、黄雲紀、楊其光、葉期、胡曼等。柯有榛是常雲生的學生，而張敬修、張嘉謨則曾從余曼盦問學。淵源是非常明白的。張嘉謨又是徐三庚的學生，他刻朱文的吴帶當風似的姿態，顯然出自三庚的傳授。當然，清代廣東印人的藝術風格遠遠不止前述兩大流派。像劉紹藜的博師衆長，匯皖浙於一腕；梁于渭、蘇展驥的融會古今印作，採花成蜜。他如梁垣光在六十高齡，猶能在只有六分四釐的玉印上，刻一百四十二字多字印爲俞曲園祝壽，這都是不能以雕蟲小技來妄加菲薄的。

一八八二年（光緒八年），安徽黟山印人黄士陵（牧甫）應廣東巡撫吴大澂之邀來粵，吴氏離任，他仍留在廣雅書局工作，除一八八五年至一八八七年有兩年光景一度離粵赴京外，一直住了十七八個年頭，到一九〇〇年才離粵他往。浙派的末流，其病在于劍拔弩張，綫條如鋸齒燕尾，士陵一洗其習，而以銛鋭和光潔妍美出之，結體平正之中偶作險筆，便覺静中有動，由是一新面目，蔚成大家。李雪濤、李若日、李尹桑三兄弟從之學印，這一藝術流派，在廣東便流佈開來。與李氏兄弟同時代的一些印人，像易大厂、馮師韓、陳融、鄧爾雅，以及比他後些的馮康侯、劉玉林、鄧橘、李步昌、余仲嘉、張祥凝等都無不深受士陵印藝的啓導，衝刀挺勁，閎肆無倫。這一印派的開山大師雖是安徽人，但承其餘緒及其發祥地，却是粵人粵地，因此，别的地方的印人都稱這一流派爲『粵派』。

當士陵印派羊石飄香的同時，其他風格的作品也像春花競放似的在粵海吐艷。簡琴齋以寫意之筆治印，粗頭亂服，純樸天然。秦咢生、吴子復俱得鉨印與封泥精髓，樸茂渾雄，令人意遠。容庚、商承祚在治古籀學之餘，偶爲奏刀，每深得鉨印法度。趙浩和李鳳公都是名畫家，但印章的摹古，自有其絶藝。羅叔重、陳語山均衝刀鋒銛，但結體與士陵異趣。李澤甫得趙之謙三昧，婀娜安閒。即原來習士陵印藝的，後來也有變化發展。尹桑晚年專工古鉨，譽滿南北，尤以白文鉨最爲擅長。爾雅用六朝碑字入印，峭勁多姿。大厂的晚年印藝亦轉趨跌宕，信手刃鑿，側欹蒼茫。馮康侯印路至廣，俊逸之氣，撲人眉宇，尤以圓朱文最爲鑑賞者所珍視，一九三五年所作《潁（潁）川家寶》，印凡一百，真是百花齊放。張祥凝亦能爲朱文小鉨，頗有通靈挺拔之妙。女印人是歷來罕見的，李善芬、孔儀姞、楊雪明、談月色等人的作品各有特點，也引起人們的注意。

前人學藝，較多是通過家學與師友之傳獲致的。在這本小書中可以看出，父子傳授有謝景卿授二子雲生、蘭生，柯有榛傳二子兆明、兆良，張嘉謨授子崇光，宋澤元傳子岐，李尹桑傳子步昌，鄧爾雅授子橘等。叔姪相授的，有張敬修之授張嘉謨，劉慶崧之傳劉玉林。兄弟影響的有何昆玉之與何瑗玉。夫婦熏陶的，有蔡守與談月色、黄高年與李善芬。謝曜是謝景卿的曾孫、蘭生的孫子，那便四代相傳了。師友之傳，組社雅集是一種方式。一九一八年，易大厂、潘和、蔡守、區夢良、李硯山、李尹桑及其子步昌，鄧爾雅與其子橘，和盛鵬運的兄弟、叔姪等，在清水濠盛家的濠上草堂，組織了濠上印學社，定期雅集，還出版過《濠上印學社印稿》等譜。後來因爲一些人北往南遷，活動了一年多便銷歇了。一九二〇年，以前述的部分人爲基礎，加上盧乃潼、曾憲堯、黄文錦等，又在正南路組成三餘印學社。一九三四年至一九三七年七七事變前，陳大年、謝英伯、黄文寛、李澤甫、陳朗照、馮衍鍔等，在廣州番山組成天南金石社，篆刻之外，還研討其他金石碑版之學。

一個印人的成長及其作品能流傳下來，這并不是容易的事。他們多是業餘之嗜，到藝有專精，爲人所稱道，這必須經歷艱苦的過程。但是，有些雖有譜傳世了，但也未必廣爲流傳，如清人蘇道顯的《篆林餘古》，尹逢清的《寸耕堂篆質》，邵詠的《草印譜》，老廷光的《壽竹齋印稿》，馮昕華的《百福百壽印譜》，吴章綸、吴道綸合摹的《學漢齋古銅印譜》，以及民國時的佃介眉的《寶籀齋印存》，許半愚的《愚盧印存》等，我就僅見著録。又如蕭遠、陳子升、方天根、吕翔、邵詩、蔡愷、林承藻、沈其縉、鍾穎林、黎煥章、潘楠卿、姚禮修、黎錫侯、陳景濂、黄古喬、楊伯奇、周籲雲、曹小漚、梁淑貞、羅卓、鄭伯都等，《嶺南畫徵略》、《廣印人傳》、《廣東現代畫人傳》都記載他們能篆刻，但作品怎樣，現已無從獲見了。再如黄子高、吴榮光的愛女吴小荷、朱執信、連聲海等人的刻印，我本來是見過的，因没有及時攝影或鈐下，今亦無可踪迹。畫人鄧芬精刻小印，我曾鈐兩方，初以鄧氏健在，而這本小書的初稿在報上連載時，因以收已謝世者爲限，未能及時刊佈，及鄧氏作古，而鈐本尋找不着了。可見世事屢遷，一個藝人的心血所聚，縱使是斷簡零編，我們也不可予以忽視。

談廣東的印藝，自然會聯想到廣東印學的研究。自清嘉慶以來，粤人成集古印譜的，有潘有爲的《看篆樓古銅印譜》六卷，潘正煒的《聽颿樓古銅印彙》三卷，潘仕成的《寶琴齋古銅印彙》四卷，何昆玉的《吉金齋古銅印譜》六卷、續譜二卷，何昆玉、何瑗玉的《漢印精華》一卷，謝春生的《秦漢印存》三十二册，楊永衍的《添茅小屋古銅印譜》

一卷，黄霖澤的《銘雀硯齋印存》二册，李陽（蘗洲）的《印證》二册，潘儀增的《小神仙館古銅印譜》一册及《秋曉庵印存》十册，居巢的《今夕庵古印藏真》二册，潘仕成的《海山仙館印存》四册，商承祚的《契齋古印存》十册，關春草的《寸草藏鉩》一册，黄高年的《黄高年藏古印》一册等。前人輯集印譜，因對古鉩文字多不認識，往往棄而不録，到潘有爲的《看篆樓古銅印譜》才開始注意收録，這是有爲識力過人的地方。但前端五譜，因原印屢經轉藏，每藏一家，便出一譜，故内容每有重複。至潘儀增的所輯，僞品居多，更不足道。近人所輯，則以《契齋古印存》最爲精審。我以所藏所見，亦輯爲《尚鼎書屋藏印》、《漢晋石印集存》、《北游所見鉩印録》三種。至彙輯名家之作成譜的，有吕玉璜的《培蘭堂印彙》四卷，嚴荄的《錢叔蓋胡鼻山兩家刻印》十册，柯有榛的《里木山房印存》二册，黄璟的《溶縣衙齋二十四詠印章》、《四十二峰草堂印章》、《陝州衙齋二十一詠印章》，馮兆華的《味古堂印存》，潘元長的《緝雅堂印譜》，伍懿莊的《緑杉軒印譜》六册和《懿莊印存》一册，區夢良的《寱園藏印》，李卓立的《孔氏嶽雪樓印存》一册，楊慶簪的《盍齋藏印初集》二册，譚觀成的《藏暉書屋藏印》，屈向邦的《誦清芬室藏印初集》一册，陳融的《黄梅花屋印存》六册，馮衍鍔的《雙清閣鐵書經眼録》一卷，黎暢九的《順德人印存》，黄文寬的《瓦存室集印》六册、《瓦存室所藏黄牧甫印選》四册和《葉楊胡劉四家印賸》等。

近人收藏名家印之富，文寬當甲南天，他的三種印譜，中多精湛之作。我個人所輯，則有《達堂所藏粤人鐵書》及《南北印緣》兩種。至印論、印字、印史的論著，就我所知，談一般印論的，有何榑的《嘉顯堂圖書會要》、黄芝的《鎸印要訣》、謝聖朝的《篆法本真》、劉紹藜的《篆文輯略》、莫善元的《發明仿古印學論》、黄鑰的《魚門印論》、陳澧的《摹印述》、容庚的《雕蟲小言》、黄高年的《治印管見録》等。前述六書，大都是彙輯前人之論，無甚發明。但陳澧的《摹印述》則言簡意賅，久爲藝林所推重，先後被輯入《廣雅叢書》、《美術叢書》和《遯盦印學叢書》。餘《雕蟲小言》、《治印管見録》，亦有創作甘苦有得之言。至印字書籍，謝景卿所作的補訂袁日省的《選集漢印分韻》和自作的《續集漢印分韻》，這是世有定評的好書。陳璞亦嘗作《繆篆分韻補正》，其序見于《尺岡草堂遺文》，但該書已否完成則很難確知了。印史方面，則有鄧爾雅的《印學源流與廣東印人》（見《南金》雜誌），容庚、容肇祖合作的《東莞印人傳》。其他的印學著作，還有潘嘉壁的《印譜參微》，僅見《肇慶府志·藝文略》著録，内容怎樣，不得而知。一九六二年，冼玉清有《廣東印譜考》（油印本），搜羅似未完備，分類亦不甚善，但摭殘拾遺，存古之功，自不可没。最後，還有一事值得一提，著名的《十鐘山房印舉》的編拓，是何昆玉遠離家鄉，僑寓山左，與陳介祺的兒子厚滋在一八七二年（同治十一年）合作完成的。與此同時，昆玉還編拓了《簠齋藏古玉印譜》。昆玉不但爲兩譜付出了勞動，而且把他的吉金齋所藏古印一千四百餘事盡歸陳氏，以襄盛舉。

綜觀廣東印壇三百多年的發展概貌，它雖未必如篆刻之鄉的皖浙那樣烜赫一時，影響全國，但也有自己的創造和特色。這是大家都有目共覩的。我生也晚，所知不多，三年多來，承各地師友幫助，初步寫成這部印人傳，錯誤與不足之處自所難免，敬希老輩與讀者們指正。

一九六六年四月　馬國權

附記：《廣東印人傳》在報上連載告一段落後，數年來，已有印人若干謝世，因作補充，并重行編定；對原作序言亦稍加修改，單行出版。

目録

序言　一
一　袁登道　二
二　鄧逢京　四
三　張穆　六
四　黃仲亨　八
五　朱光夜　一〇
六　何楫　一二
七　謝景卿　一四
八　馮敏昌　一六
九　黎簡　一八
一〇　尹右　二〇
一一　謝雲生　二二
一二　謝蘭生　二四
一三　黃鑰　二六
一四　劉紹藜　二八
一五　彭泰來　三〇
一六　李魁　三二
一七　陳澧　三四
一八　柯有榛　三六
一九　蘇仁山　三八
二〇　陳璞　四〇
二一　尹子薪　四二
二二　孟鴻光　四四
二三　李陽　四六
二四　周大常　四八
二五　余曼盦　五〇
二六　何瑛　五二
二七　周禮　五四
二八　謝曜　五六
二九　張敬修　五八
三〇　何昆玉　六〇
三一　張嘉謨　六二
三二　宋澤元　六四
三三　李文田　六六
三四　梁垣光　六八
三五　何瑗玉　七〇
三六　黃雲紀　七二
三七　梁于渭　七四
三八　莫善元　七六
三九　張崇光　七八
四〇　潘飛聲　八〇
四一　江逢辰　八二
四二　金德樞　八四
四三　伍政宣　八六
四四　柯兆明　八八
四五　柯兆良　九〇
四六　羅岸先　九二
四七　蘇展驥　九四
四八　曾益　九六
四九　溫其球　九八

五〇 李宗顥 一〇〇
五一 劉慶崧 一〇二
五二 伍德彝 一〇四
五三 吴趼人 一〇六
五四 黄恩銘 一〇八
五五 楊其光 一一〇
五六 胡曼 一一二
五七 黎廷俊 一一四
五八 潘和 一一六
五九 易孺 一一八
六〇 程竹韻 一二〇
六一 葉期 一二二
六二 張度 一二四
六三 陳維湘 一二六
六四 馮師韓 一二八
六五 陳融 一三〇
六六 許之衡 一三二
六七 宋岐 一三四
六八 陳兆五 一三六
六九 蔡守 一三八
七〇 汪兆鈞 一四〇
七一 黄裔 一四二
七二 趙浩 一四四
七三 李尹桑 一四六
七四 李鳳公 一四八
七五 鄧爾雅 一五〇
七六 陳延祺 一五二
七七 區建公 一五四
七八 區夢良 一五六
七九 簡琴齋 一五八
八〇 談月色 一六〇
八一 孫裴谷 一六二
八二 容肇新 一六四
八三 梁天眷 一六六
八四 陳朗照 一六八
八五 羅叔重 一七〇
八六 何秀峰 一七二
八七 孔儀姑 一七四
八八 楊雪明 一七六
八九 劉玉林 一七八
九〇 黄高年 一八〇
九一 李善芬 一八二
九二 鄧橘 一八四
九三 李步昌 一八六
九四 關春草 一八八
九五 盛鵬運 一九〇
九六 何庸齋 一九二
九七 余仲嘉 一九四
九八 張奔雲 一九六
九九 張祥凝 一九八
一〇〇 馮衍鍔 二〇〇
一〇一 李澤甫 二〇二
一〇二 潘楨幹 二〇四

一　袁登道

袁登道，字道生，號彊名。東莞縣人。約生於明萬曆十四年（一五八六），爲畫家袁敬之子。工詩擅畫，并精篆刻。據《歷代畫史彙傳》載，道生山水初法王叔明，晚學米南宫，而能自出己意，不落恒蹊。詩有《水竹樓詩集》。書法則篆隸并精。葉銘《廣印人傳》，容肇庚、容肇祖《東莞印人傳》均有傳。鄧屺望所藏其遠祖「逢年」、「于田」銅印，静穆雅致，蓋出道生手製。曾見《明袁道生先生印存》乙册，凡三十四頁，收印九十六方。原爲容庚教授所藏，其中大印甚多，氣度雍容，尤以白文最爲精湛，如「餐秋菊之落英」等印，均徑大約五五分，運刀如筆，氣象萬千；「小山樓」朱文大印，綫條如折釵股，甚饒魄力；「浣花莊」沉厚蘊藉，「素心人」則又爽利挺拔，非深研漢人印格，絶不能臻此妙境。

餐秋菊之落英　小山樓　浣花莊　素心人

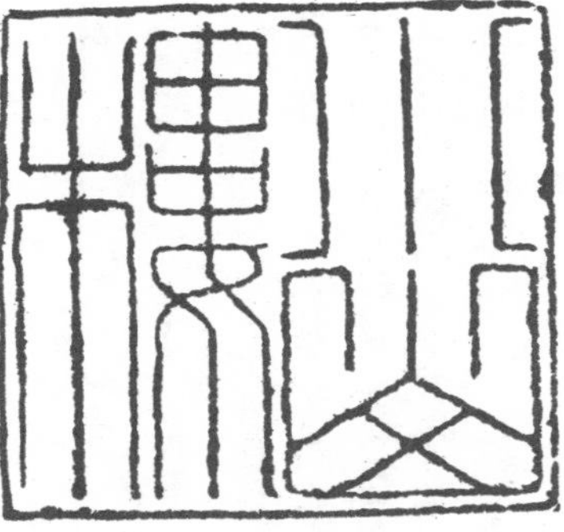

二　鄧逢京

鄧逢京，字于都。東莞人。爲明萬曆戊戌（一五九八）名進士鄧雲霄（玄度）之季子。生卒年份不詳。玄度精詩，歷官江蘇、湖廣、川陜，有聲於時，後爲人假事羅織，當事者莫辨，旋憤病卒。逢京上疏鳴冤，終爲父昭雪。鄧氏世代工文章、精篆刻，其父玄度能印，兄逢年、子姪孫曾，俱擅奏刀，事見容庚、容肇祖《東莞印人傳》。附刊兩印『鄧逢京印』、『于都氏』均沉厚樸茂，饒有漢人風致。

鄧逢京印　于都氏

三 張穆

張穆，字穆之，一字爾啓，號鐵橋。東莞人。明萬曆三十五年（一六〇七）生，清康熙二十二年（一六八三）卒，享年七十七歲。少倜儻任俠，善擊劍；工詩，有《鐵橋集》；尤精畫馬及蘭竹，爲吾粤名家。明亡，與張家玉等募兵惠州、潮州等地，大事抗清，有功鄉國。與黎遂球、梁朝鍾、鄺露、陳元孝等交最篤，志行爲時所仰，事迹詳《廣東新語》、《東莞縣志》、《嶺南畫徵略》等書。附刊之『張穆私印』、『鐵橋道人』，雄渾爾雅，具見其功力之深厚，而字與字間所留空間較多，正晚明印家一時之風尚。印見《東莞印人傳》。

張穆私印　鐵橋道人

四　黄仲亨

黄仲亨，名貞。東莞人。生於明萬曆四十五年（一六一七），卒年待考。以刻製金石竹木諸文玩著名。其製印鈕，依石材之色，點黄綴白，爲螭虎、蟲、鳥，均若天成。曾見容庚教授所藏仲亨精刻五印鈕，四作狻猊鈕，一作母子蹲獅鈕，精美絶倫，當可與『尚均鈕』比美。又能篆刻。晚明廣東名詩人鄺露有《刓玉歌》贈之，中有『仲亨崛起三百載，半生抱璞仍工貧。有時得錢但沽酒，蚊螭盤拏入纖手。昆刀切玉如切泥，颯颯魚鳧會飛走。五羊少年金錯刀，先秦小璽争臨橅。開軒嚮予質奇字，雅鄭于汝分纖豪。張穆之，周竹郎，沈雄爾雅爲君倡。嗟君高才兩相下，往往能兼衆所長』之句。《東莞印人傳》有傳。附刊諸印，『家在珊瑚洲』一鈕，刀法閑雅，布局舒徐；『半畝花居』有玉印風味；『安事一宧』一鈕擬古文，明末清初人所刻古文鉨印多類此，蓋當時印人對古鉨印認識之一反映也。印藏容氏頌齋。

家在珊瑚洲　安事一宧　半畝花居

五　朱光夜

朱光夜，字未央。南海人。生活於明代末葉。精六書，長於書法，而尤擅於篆刻，與伍瑞隆、張萱等頗有文藝交好。鄧玄度嘗以『綵筆流麗』譽之。伍瑞隆序其印譜，曾云：『豈但羡未央多飲酒、多著書、多行山水、多臨帖，此一枝鐵筆，更可上篆風雲，下雕河嶽，天地不足剡，鬼神不足鏤，周秦漢諸刻不足師，自是下筆心中有古人，目中無古人，掌中落落顛落古人，此時起李斯遜其變化，起趙文敏畏其蒼鬱，又何今何古之足爲未央道哉！』未央之才情，於兹已見其一二。一時名士，如陳子壯、何吾騶、區必元等均以得其一印爲幸。有《朱未央印略》乙册傳世，凡三十頁，共一百五十一印，其中除石刻外，有晶印、玉印、銅印二十餘方。前有伍瑞隆及張萱序。縣志、府志均有著録。此譜舊藏柯有榛、胡漢秋處，後歸黄子静後人保存。附刊『樵山山樵』與『大榕之印』兩印，結字用刀均古勁自然，風格與何雪漁爲近。兩印俱見蘇展驥所輯《文印樓印存》。

附註：韓天衡主編《中國篆刻大辭典》：《朱未央印略》成書於天啓三年（一六二三），卷一存印三十八方，卷二存印一百五十二方，有朱氏自序。爲嶺南印人有印譜之製第一人。

樵山山樵　大榕之印

六 何楫

何楫，字劍湖，號濟川，又號逃禪道人。香山縣（今中山市）小欖鄉人。爲南明相國何吾騶玄孫。家富藏書，性嗜古，其從伯何濤邨善治印，從之游，遂通印學。乾隆四十二年（一七七七）成《嘉顯堂圖書會要》乙卷。圖書者，印章之別稱也。是書總匯古人印學之説，計分述古印説、篆刻秘訣等，并列舉三十三體，各由何楫親鐫印章爲證。就文字而言，雖無創見，印章亦僅事摹仿，然亦頗見其傳古之功與致力之勤。今附刊諸印，即選自友人葉廣良所藏《嘉顯堂圖書會要》者。『書千卷』擬滿白文，『太史氏』乃仿漢晋間朱白相間印，『侯志』一鈕取法殳篆，均整飭文静。

侯志　太史氏　書千卷

七　謝景卿

謝景卿，字殿揚，號雲隱（亦寫作芸隱）。南海縣麻奢鄉人。生於雍正十三年（一七三五），卒於嘉慶十一年（一八〇六）十二月十五日至次年一月二十三日之間。縣諸生。博雅嗜古，善於鑑賞，書畫、人物、刻印尤精。陳澧在《槳石齋印譜》序中曾言：『吾粵前輩中，黎二樵善刻印，謝雲隱尤爲專門。二樵專用漢法，雲隱兼元人法。』可見推崇之重。與二樵交至友善。又能詩，所作有《鷄肋草》。中年以後，日以蓄書課子爲事，子雲生、觀生、蘭生，均有文名。雲隱深於古印之學，其摹古印譜《秦漢銅章撮集》，凡四册，每頁均數印，摹刻之精，真令人真贋難辨。因袁日省原作《選集漢印分韻》官私印混雜，隸韻亦有疵誤，雲隱遂重爲釐定，在嘉慶二年（一七九七）付梓。嘉慶八年（一八〇三），復新集五千餘字，所以又有《續集漢印分韻》（二卷）之作，嘉惠士林，便利後學，厥功甚偉。篆刻創作，有《紫石山房印蜕》四册、《雲隱印稿》十册、《雲隱印選》一册等數種。余曾見其印稿乙册，兹附刊如後者即出是譜。『謝景卿』、『癖花居士』兩印用漢人法，平實中有勁健之意；『蔚齋』、『胡賓南氏』、『吴名琅印』、『温子汝能』等四印均師法元人，前兩印得静穆清雅，後兩印尤具婀娜之姿，實爲得意之品。

温子汝能　癖花居士　吴名琅印　胡賓南氏　謝景卿　蔚齋

八　馮敏昌

馮敏昌（一七四七——一八〇六），字伯求，號魚山。欽州人。乾隆四十三年（一七七八）進士，歷官翰林院編修、刑部主事等職。丁憂後不復出，主講端溪、粵秀書院，廣事作育學子，著書立説，成就甚大。二百年前，欽州以僻處海濱，向乏文學之士，魚山崛起是間，讀書砥行，通籍後遍歷南北，見聞益廣，復堅苦爲學，由是遂成乾嘉間廣東著名學者之一。魚山精金石考訂之學，有《河陽金石録》、《文章心印》等書。其詩氣勢磅礴，由昌黎而上追李杜，所作已彙諸《小羅浮草堂詩文集》中。書法王大令，疏逸古秀，世有定評。偶畫蘭竹松石，亦有佳韻，事載《嶺南畫徵略》卷四。魚山治印，蒼老渾厚，頗具明末清初印家氣息。以早年名位即顯達，世人不便妄求，故其印除自用及閒章外，罕及其他。「如岡如陵」一鈕，意近何雪漁，爲免兩「如」字并列，用迴文讀法，兩字結體亦異，俱見經營之着意。印見何秀峰《印廬藏印》。「古木卧平沙」一鈕，篆法章法古拙奇崛，單刀硬入，雅趣横生，爲乾隆戊戌年（一七七八）魚山三十二歲時所作。是印原爲南海孝廉馮愿舊藏，今歸余馬氏尚鼎書屋。

如岡如陵　古木卧平沙

九　黎簡

黎簡（一七四七——一七九九），字簡民，又字未裁，號二樵、狂簡、石鼎道士，齋號曰竹平安館、藥煙閣。順德縣弼教鄉人，生於南寧。十歲能賦詩屬文。見峰巒幽致，便潑墨作山水。稍長，又能範銅爲印。少年穎悟，早著藝術天才，而力學不倦，故雖足不踰嶺，而馳譽海内。其詩學李長吉、黄山谷，故琢削瘦勁，往往神似。錢塘詩人袁枚，素負盛名，來粤時欲與訂詩文交，二樵鄙其行，峻拒之。年五十，所作《五百四峰堂詩鈔》二十五卷刻行，洪亮吉等稱讚備至。書法寢饋晋人，兼學李北海，晚年亦效蘇、黄之體，隸書則意擬《熹平石經》，均面目獨具，生前已有僞其書迹而鬻於市者，書札之已刻帖者有《五百四峰堂墨妙》、《鄺齋藏帖》等。畫法吴鎮而善變化，蒼潤高古。其治印趨步秦漢，少年篤好，至長不移，年三十三，曾以一月之力仿古銅印三十鈕。詩人張藥房爲賦《銅印歌》以贈之。玉、銅、瓷、石，着手便成妙品；其書畫用印，皆出手製。聞其妻梁雪死，二樵以所作『長毋相忘』印繫其臂殉葬，用志哀念之深。葉銘《廣印人傳》卷四有傳。附刊諸印，『黎簡私印』擬漢鑄印，厚樸古拙，最得神味；『其狂不可及』、『黎簡之印』、『小子狂簡』、『簡民』，爲一銅質六面印之三側及頂，鑄後復加補刀，或莊重、或古秀，各具其妙；『長毋相忘』擬漢瓦當，亦佳。

黎簡之印　簡民　黎簡私印　小子狂簡　長毋相忘　其狂不可及

一〇 尹右

尹右，原名世右，字啓宗，號青喬，又號滋亭老人。順德縣龍江鄉人。布衣。生於乾隆二十一年（一七五六），卒於道光十五年（一八三五）。晚年耳患重聽。其鑄印得法於黎二樵，當時頗負時譽，謝里甫稱之爲『絶技』，早就深恐其妙藝得不到賢徒傳授。陳蘭甫曾請其鑄印兩方，亦讚許備至。陳蘭甫《論印五首》第二首是詠尹青喬印藝的：『大謝掀髯絶技稱，龍山老尹一聾丞。青門寂寞樵夫死，可許傳來無盡燈。』見汪兆鏞所輯《陳東塾先生遺詩》。熊景星《吉羊溪館詩鈔》題爲《尹滋亭丈自龍江來，過訪吉羊溪館》一詩云：『白頭無恙捉刀人，兀傲依然海鶴身。龏石要摹秦李相，買絲應綉宋安民。静中牛蟻聽雙寂，貧裏虀鹽過一春。老輩風流黎郭盛，把杯覼縷話前塵。』據葉銘《廣印人傳》補遺載：尹右還善花卉，有《五葉堂印存》行世。拙藏《尹右印存》小本，内鈐印二十八方，大部分爲鑄印，頗得漢人神髓，如『思君令人老』、『成相私印』、『龍山山樵』、『臣遂』四印，渾雅古茂，確置之漢印之林而無法辨認。殳篆『尹讓私印』、朱文的『㝱（夢）生』兩印，亦工穩有法度，具見功力深厚。

思君令人老　寢（夢）生　龍山山樵　臣遂　成相私印　尹讓私印

一一　謝雲生

謝雲生，一作云生，字青巖。南海人。生於乾隆二十一年（一七五六），卒於道光三年（一八二三）。爲印人謝景卿長子，書畫家謝蘭生胞兄。幼承家學，擅書法篆刻，其父於嘉慶二年（一七九七）所刊《選集漢印分韻》、嘉慶八年（一八〇三）所刊《續集漢印分韻》兩書，摹録整理，皆出雲生之手，故於印學，至爲專門。其印受浙派影響。附刊之『十八研齋主人』一鈕，『十八』兩字合攏，『人』字脚特長，以『八』字、『人』字之中空爲虛實對應，章法堪稱精到；『梅軒珍賞書畫之印』一鈕則以文静爲特色。後一印藏黄氏瓦存室。

十八研齋主人　梅軒珍賞書畫之印

一二 謝蘭生

謝蘭生（一七六〇——一八三一），字佩士，號澧浦，又號里甫，別署理道人。南海縣麻奢鄉人。父景卿，以博雅精鑒別名世；兄雲生，因協助其父摹録《選集漢印分韻》、《續集漢印分韻》，鎸印亦每隨侍左右，故亦能篆刻。澧浦幼承家學，詩文之外，亦通書畫刻印，三十三歲中舉，嘉慶七年（一八〇二）成進士，選翰林院庶吉士，未赴散館，即因丁父憂歸粵，迭主粵秀、越華、端溪、羊城等書院講席，桃李至衆。《廣東通志》重修，澧浦任總纂，對鄉梓文獻建樹最力。其文學韓、蘇，詩擬東坡，故少年時曾刻『師事大蘇』一印用志爲學淵源。書學顔、褚，參以北海，閑雅雋永，韻致極高。畫法吴仲圭、董香光，豪邁奇偉，《嶺南畫徵略》卷六有傳。著有《常惺惺齋文集、詩集》及其他雜著十餘卷。澧浦於印，與其父專致力者不同，只一時遺興耳，以學問賅博，雖偶然奏刀，亦每得古致。附刊諸印均其自用，白文『謝蘭生印』厚樸如漢鑄印，『太史氏』乃漢朱文之遺，『有芬』及『里・甫』連珠印，均文静有風致。各印俱見《文印樓印存》。

有芬　里·甫　謝蘭生印　太史氏

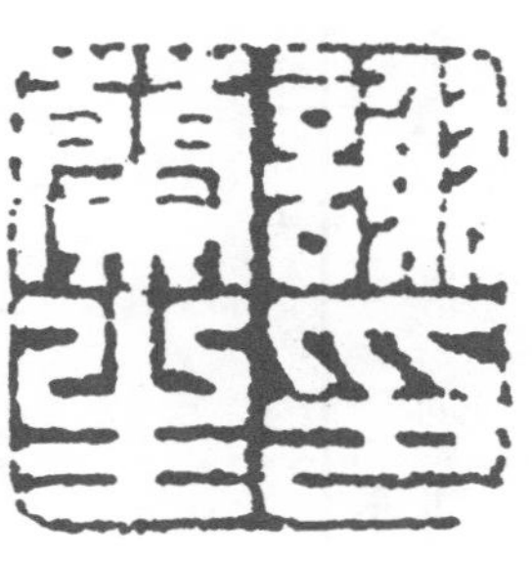

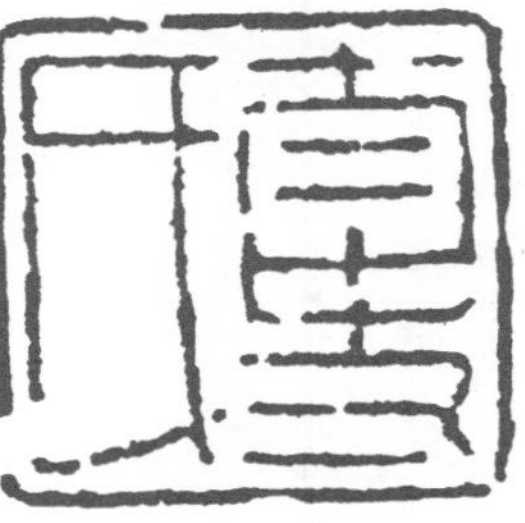

一三 黄鑰

黄鑰，字魚門。清乾嘉間歸善縣（今惠陽縣）人。諸生。能文多藝。嘉慶四年（一七九九），汀州伊秉綬出守惠州，魚門從侍左右爲幕友，人乞秉綬書，如遇公務繁忙，即使魚門爲代筆，所書古隸頗肖秉綬，與伊相比，只墨卿平正中喜用險筆，用筆略勁利，而魚門較謹飾而已，非深通此道者不易判焉。工詩。尤擅山水，沈著有雅韻，與翟泉、趙念齊名，《嶺南畫徵略》卷七有傳。其治印宗漢人，有《仿古銅印譜》傳世，陳澧《論印詩》嘗稱之云：『心手追摹力不疲，魚門自許極毫釐。』吴蘭修曾得其一印，以歲久漫滅，乃命子小華依樣深鐫之，其愛重如此。所著《魚門印論》二卷，乃集吾子行、甘寅東、朱怡軒、周亮工等名士言論而成，伊秉綬序之。光緒《惠州府志·方技傳》、葉銘《廣印人傳》卷八并有傳。附刊『貴相知心』乙印，亦漢人法乳，翩翩有度，見《緝雅堂印存》。

貴相知心

貴相知心
逸更大兄先生

一四　劉紹藜

劉紹藜，字玉田，號慎堂，別署一杖山人。其作品以刊於北方，故自概稱爲嶺南人，其友孫爾準爲所作印譜作序，謂玉田家南海，其籍貫或以南海爲是也。清乾隆五十四年（一七八九）生，卒年不詳。玉田髫齡即嗜篆刻，風雨寒暑，寸鐵不離。稍長，從林竹瑣游，刻石而外，且善鎸水晶銅之屬。二十歲後，游藝大江南北，頗廣交皖浙印人及當時文士，故所作不宗一家，然以交游及時代之影響，作品仍具皖浙兩派氣息。其篆刻作品，輯爲《師古堂印譜》兩卷（四册），卷首有李黼平等十一人題詞。印學著作有《印文輯略》五卷，梓行於一八一九年，論源流、字法、章法、鎸製等甚詳。葉銘《廣印人傳》卷九曾載其名。附刊諸印，「跌宕經史」頗得漢鑄印神髓，「忙人所閒」一鈕嫻雅安詳，有元人朱文風致；「醉卧白雲」，蒼辣雄肆；餘「紹藜」、「書劍飄零」、「終日無鄙言」，均各有特色。六印均見《師古堂印譜》。

醉卧白雲　書劍飄零　忙人所聞　終日無鄙言　紹藜　跌宕經史

一五　彭泰來

彭泰來，字子大，號春洲，又號昨夢生，以平生傾慕趙邠卿，亦別署趙齋，所居顏曰天問閣。高要縣龍頭鄉人。乾隆五十五年（一七九〇）生，同治六年（一八六七）卒。少年即博學能文，年十四以詩與譚敬昭相酬唱，一時稱譽。二十四歲拔貢，旋入太學，不久罷歸，遂絶意進取。粵藩曾燠禮爲上賓，總督祁𡎴延之，不往見。學使程國仁許爲粵東文行第一人。學使李崇階尤嘉其行，屏騶從就見，且表其廬。子大精金石之學，尤擅詩文，詩出入昌黎、少陵、長吉、東坡、遺山諸家，又善屬文，吴玉臣素究廣東文徵，以爲吾粵清代之一流詩文作者。著有《詩義堂後集》六卷、《昨夢齋文集》四卷、《高要金石略》四卷、《讀史餅筆》六卷、《端人集》四卷。子大工書，隸書磅礴，風格近似伊墨卿，行草閒雅有法度。偶亦涉筆作墨蘭之屬。其治印不宗一家，文静淵雅，頗有可觀，有《天問閣印譜》傳世。《清史列傳》、宣統《高要縣志》有傳。附刊諸印，「彭泰來」、「昨夢生」、「書淫酒隱」均擬漢鑄印，「子大老彭」一鈕亦從漢印變化而來，「春州」、「子大」兩鈕學朱文鉨，俱有法度。

書淫酒隱　春州　彭泰來　子大　昨夢生　子大老彭

一六　李　魁

李魁，原名魁業，字斗山。新會縣人。生於乾隆五十七年（一七九二），卒於光緒四年（一八七八），享年八十七歲。原爲祠堂廟宇繪製壁畫之泥水畫匠，所繪山水，風格獨創。篆刻高古厚重，可惜長期以來知者甚稀。道光二十八年（一八四八）輯自刻印成《斗山印譜》四册。曾見《李斗山印存》乙册，内有李魁所刻自用姓名别號印凡七十六方，琢白填朱，均從漢印變化而出，頗有樸茂渾厚之趣，尤以白文印最得漢人神髓。如白文『李魁之印』、『李魁私印』、『葵園主人』等三方，其布白之得體、刀法之精湛，直使人疑爲漢代印人之佳製。『李氏斗山』白文印，清奇峭拔，勁利可喜。朱文『李魁之印』及『斗山』小印，也是力作。因《嶺南畫徵略》轉引《翦淞閣隨筆》之誤，長期均錯以李魁爲南海人。《李斗山印存》中有『厓門釣者』、『厓門老漁』、『圭峰樵長』、『青葵道人』、『葵道人』、『老葵』、『青葵』等有關新會地理風物之自用印，均爲李魁籍貫之訂誤提供可貴佐證。另外，『李青葵』、『斗室居士』、『斗山山人』、『緑屏山樵』、『戇魁』、『岡州畫隱』等印，對了解此一民間藝人之别號亦有所幫助。附刊諸印，均具漢人法度，樸厚如見古譜，可珍也。

李魁之印　李魁私印　李魁之印　李氏斗山　斗山　葵園主人

一七　陳　澧

陳澧（一八一〇——一八八二），字蘭甫，因榜書齋曰東塾，故世稱東塾先生。番禺人。蘭甫爲匯通漢宋經學大師，旁及小學、地理、曆算、音韻、諸子、文學，以至琴律、書畫、篆刻，都無所不精，著作凡六十餘種。歷任廣州學海堂山長、菊坡精舍山長、東莞龍溪書院山長數十年，對學術教育貢獻極大。自幼喜刻印，白文主張崇漢，朱文則漢法與元人法皆推許。創作甚認真，曾見其設計『胡錦燕印』印稿，稿凡五易，始確定下來；且擅鑄印之術。中年以後，因目力關係，常喜自篆印稿於石，而囑門人何昆玉鐫刻。《摹印述》爲其印學專著，由於選材精當，撰寫得宜，繼刻入《廣雅叢書》之後，又被輯進《美術叢書》和《遯盦印學叢書》。篆法、章法爲篆刻首要問題，蘭甫言之最爲透闢，以爲『作篆以雅正爲尚』，要『深于篆隸之學，多見古碑古器古印，則方圓皆得其妙』。對綫條粗細、留邊、刀法等均予闡述，實爲後學津梁。陳澧曾言：『古摹印既有師法，故文字精雅，爲物雖小，而可與鼎彝碑版同珍。』其言甚是。其他論印詩文，散見《東塾集》、《陳東塾先生遺詩》，尚有多種。一九五六年，其嫡孫將東塾自鑄銅印六方，并孟蒲生、何昆玉贈印，及其他手稿捐中山大學，余曾鈐輯爲《東塾遺印》乙册。附刊諸印，均出是譜。鑄印四方，真置之漢印之林而無遜色，至可寶也。

陳澧印信　蘭甫　陳蘭浦氏（陳澧篆，何昆玉刻）　陳蘭甫　陳澧之印

一八　柯有榛

柯有榛，字雲虛，號里木山人，又號有辛、雲虛散人，别署迂道人。南海人。生於嘉慶十九年（一八一四），卒年待考。以繪畫、刻印馳名於清咸豐、同治間。其畫能山水、人物、花卉各體，尤善摹古，擬沈石田、文徵明、陸包山、惲南田諸家，俱得神理。《嶺南畫徵略》有傳。雲虛治印攻浙派，時有吴門印人常雲生游粵，雲生爲楊龍石高弟，雲虛與吴蓉浦禮事之，遂通印學。柯氏主伍氏粵雅堂有年，爲粵中名士治印至多，《里木山房印譜》四卷即是時之作。同治三年（一八六四）有《里木山房印存》二册，乃合己作及藏印而成。其子兆明、兆良亦能刻印。附刊諸印，『蒲州郡守』一鈕，沉厚古茂，功力精深，出《味古堂印存》；『物我兩得』、『檢校花名證畫禪』、『雲虛珍賞』三鈕，頗得曼生、秋堂之妙；『時流易趨古意難復』，結字富變化，具見匠心；『别字雲虛』如鋼綫盤屈，勁健無倫。後五印均見《里木山房印存》。

檢校花名證畫禪

蒲州郡守

物我兩得

時流易趨古意難復

別字雲虛

雲虛珍賞

一九　蘇仁山

蘇仁山，字靜甫，號長春，又號必獲、七祖、棲霞、杏壇居士。順德縣杏壇鄉人。生於清嘉慶十九年（一八一四），其家族譜謂年壽與顏回同（三十二歲），今見遺作有作於道光二十九年（一八四九）者，則享年必在三十六歲以上，其詳待考。除嘗小游佛山、羊城，及桂林、蒼梧外，畢生均居鄉梓。年十二即以畫名閭里，廣州美術館藏有其二十歲以前所繪山水，技法已臻圓熟。性狂放倔强，極厭舉子業，惟其父强之，不得已，姑往試兩次，皆不售，由是爲父所不悦，雖飢寒，父亦不之顧也。後仁山得讀黄梨洲、顧炎武書，民族思想有所興起，嘗自刻『漢王孫』、『一日三年』、『青山不老』（『青』疑叶『清』，謂清室江山不可久長）等數印以見懷抱。又好與當時目爲危險人物之輩往還。其父恐其言行致禍家族，乃以『不從父命』及『逆倫』罪逮之衙獄；及其死也，家中亦不爲之立牌位，其於家族中之被視爲毒蛇猛獸可知也。

仁山能山水、花卉，而最精人物，落筆草草，神態宛然，綫條古拙有金石味，尤擅焦墨，實別出古人蹊徑者，惜不永其年，風格初成，尚未造極耳。書法近似米芾，而尤雄肆豪縱；亦擬二王，俱得其妙。吾友謝文勇搜研仁山藝事有素，以爲仁山畫作上所用之四十餘印，以其絶鮮交游，印風與其書畫風貌爲近，應爲其自刻。仁山篆刻大抵出於漢人，亦受明清印派影響，頗能大膽獨造。附刊諸印，『祝融仁山』、『蘇長春印』均擬漢鑄印，得其厚樸；『靜甫』、『仁山』兩朱文印，儒雅文静，亦自不凡；『仁山書畫』一鈕似受清人印派影響；『仁山』以山爲形，亦别出心裁之製也。各印均見黄鳳洲先生藏畫。

蘇長春印　仁山　仁山書畫　静甫　祝融仁山　仁山

二〇 陳璞

陳璞（一八二〇——一八八七），字子瑜，號古樵，又號尺岡歸樵，别署息園者，蓋其晚年於故鄉赤岡村南所闢小園也。番禺人。咸豐元年（一八五一）舉人，嘗官江西安福縣知縣，有政績。丁憂歸里後遂不復出，潛心教育事業，爲學海堂學長數十年，育才甚衆。古樵善詩文，殁後，有《尺岡草堂遺詩》八卷、《尺岡草堂遺文》四卷梓行。又精金石考訂之學，時學海堂爲闡揚古學，頗事碑銘之翻刻，陳氏參與其事，創劃至多。其於印學，曾著有《繆篆分韻補正》一書，未刊。余嘗見古樵舊藏《看篆樓鑑藏古銅印》數册，手自釋文批校，并於其内附有手擬印稿若干款，均追摹漢法，甚得神妙。書師米、董，偶作山水亦有韻趣，《嶺南畫徵略》嘗載其事。附刊諸印，白文『陳璞』一鈕純擬漢鑄；『尺岡歸樵』，雖法漢人，但饒有鄧頑伯風致；『陳璞私印』、『人海藏身』兩鈕，俱擬漢印中之剥蝕者，而忽粗忽細，若斷若續，均恰到好處；餘朱文『陳璞』及『學海堂』兩印，亦謹樸有法度。

陳璞　學海堂　人海藏身　陳璞私印　尺岡歸樵　陳璞

二一 尹子薪

尹子薪，字笠樵。東莞人。生活於清道光、咸豐間。弱冠工書，能詩。雅不務舉子業，而專攻篆刻，有《心經》、《陰騭文》、《蘇文忠賞心十六樂事》、《王陽明讀書十八則》等諸譜。何梅士解元序其《印癖廬印稿》，稱許備至。《東莞印人傳》有傳。附刊諸印，『平安吉報』一鈕刻於咸豐四年（一八五四），間架精奇，柔中帶勁，美妙異常；『隔江山寺聞鐘』、『大方不隅』兩鈕變化漢印，俱見功力。

隔江山寺聞鐘　平安吉報　大方不隅

二三二 孟鴻光

孟鴻光，字蒲生，號印覺居士，别署小孟山人，所居曰篆愁廬、虚白室、獨倚樓。原籍浙江，其先寄居番禺，遂改粤籍。道光十四年（一八三四）舉人。少時即以博聞强記驚其儕輩。畢生從事教育，曾設館廣州清水濠以啓後學。工詩文，有《緑劍真人詩鈔》。而尤精小學，并擅篆隸刻印。與陳澧爲詩文金石交。其刻印用漢法，亦取徑鈍丁、曼生，每刻印得意，輒曰：『令蘭甫見之當識此耳。』陳澧極推許之，於《摹印述》中曾言：『蒲生深於篆隸金石之學，其所論往往造微。』文集中有蒲生傳，其末謂自蒲生死後，無復能印者矣，若孔子之慟顔回者。孟氏曾輯《梅雪軒印譜》，陳澧詩中所謂『梅雪開偏挹古香，芝泥紅艷燦成行。山人可是無官職，看取纍纍石一囊』，即指是譜也。附刊諸印，『陳澧之印』一鈕藏中山大學，爲余所手鈐，意擬曼生，雖運刀生辣，惟絶無劍拔弩張之嫌；『迂莽主人』、『沛霖之印』、『心泉』三印均仿漢銅印法，而風格各殊，自有面目；『駱瑶光』一鈕亦西泠法乳也。上四印均見馮兆年輯《味古堂印存》。『清明在躬』與『駱瑶光』印韻味頗同，原石藏黄氏瓦存室。

心泉　陳澧之印　清明在躬　迂莽主人　沛霖之印　駱瑤光

二三 李 陽

李陽，字藥洲，又號若舟。順德縣人。生活於清嘉慶、道光、咸豐三朝。本爲市工，惟於古印心追手摹，久之遂有入處。曾摹仿漢銅玉印千餘方，規模秦漢，佳者幾可亂真。學海堂學長黄子高、陳璞素以篆學刻印名家，後亦求之篆刻，由是藝名大著。道光十九年（一八三九），藥洲刻成《漢銅印原》十六卷，此爲仿古之製，官印、私印兼摹，彼於序中曾曰：『漢印沈邃堅密，度越繩墨，奇形離合，數意兼包。分布字勢，類出繭之蛾；結畫於間，似聞琴之鶴。抽絲散水於筆下，猗刀較尺於字中。或横牽而竪掣，或濃點而輕拂，或將放而更留，或欲挑而還置，圓則中規，方則中矩，所謂鑽之彌堅，仰之彌高，誠同爲終古獨絶。』如非深研漢印，安得如此甘苦有得之言！其翌年，復有《秦漢三十體印證》二卷行世，惟後者則略遜矣。平日治印，曾輯爲《藥洲印譜》多種。附刊諸印，『跌宕文史』一鈕，章法新穎，綫條樸茂，的是漢人法乳；『陳樹表印』、『謹獨樓藏』、『此日寄人』、『林粱之印』、『樸山』等印，均渾厚莊重，堪稱佳製。

跌宕文史　陳樹表印　林梁之印　此日寄人　謹獨樓藏　樸山

二四 周大常

周大常，字泰崖。三水人。生活於清嘉慶、道光間。初學繪事，未有所成，遂捨棄彩筆而改攻篆刻，嘗以重資購得李嵩《汲古閣印譜》，潛心探究，久之，所作乃與《汲古閣印譜》風格相肖，道光九年（一八二九）成《泰崖篆印集》。該集首以各體文字、刀法鎸前人名印二十八方，其後亦以不同形體、刀法刻劉禹錫《陋室銘》及李白《春夜宴桃李園序》各一套，共約七十印。南海丁芳蘭谷氏撰序既畢，詩以彰之，中有『肯作雕蟲小技觀，具有解牛神工手。漢秦玉石未曾焚，足與古人遺刻偶。倘教莘老在當年，墨妙亭藏應不朽』之句。究其所作，固有佳者，而習氣仍不能免，失者遂近於俗。附刊諸印，『耿弃之印』、『馬武』、『臧宫之印』、『王梁』均擬漢鑄印，惟雅淳、强悍，風格各有不同；『劉隆私印』法漢朱白相間印；『邳彤之印』則又元人法度也。各印俱見《泰崖篆印集》。

耿弇之印　邳彤之印　王梁　劉隆私印　馬武　臧宫之印

二五　余曼盦

余曼盦，名谷賓，亦號萬莽、邁莽。原籍浙江山陰，清道光間游幕來粵，遂家焉。生活於清嘉慶、道光、咸豐間。少時嘗在種榆山館隨陳曼生學篆刻，其印縱恣邁爽，頗似乃師風致，不足處在斧鑿痕迹較多，略傷蘊藉。曼盦能印之外，復擅書畫。流寓吾粵後，曾充肇慶府幕友。東莞張敬修以豪於資、好風雅聞於時，曼盦館於其家可園甚久。授徒、鬻印，於鉅室中作清客，遂終老於是。其印留於粵東者至夥，穗垣富室若潘氏、伍氏，其書畫收藏印記，即多爲曼盦鐵筆。輯自刻印成《曼陀花館印存》、《曼陀盦印譜》。高要何昆玉在《百舉齋印譜·自叙》中，謂彼於十八歲即一八四六年時，曾學印於曼盦；昆玉之弟瑗玉、敬修之姪嘉謨，亦曼盦弟子，傳授印藝，厥功不淺。附刊數印，『椒園』法漢人朱白相間印，得其樸茂；餘『喜聞過齋』、『明生』、『敬修張印』、『藜閣流青』等均西泠法乳。『藜閣流青』印之邊款云作於乙卯，時爲一八五五年，乃曼盦晚年之作也。除『敬修張印』石藏黄氏瓦存室外，各印俱見《緝雅堂印存》。

明生　椒園　喜聞過齋　敬修張印　藜閣流青

二六 何瑛

何瑛，字昆山。香山縣（今中山市）人。約生於清嘉慶末葉，至同治末葉始謝世。生平嗜古金石文字，治印師事李陽（藥洲），凡論六書簡册，暨歷朝印譜，罔不搜羅，寢饋既久，凡有會心，輒欣然橅仿，侵尋歲月，樂此不疲，尤於漢印致力最勤，因之頗有入處，故仿古之作，時有佳製。同治元年（一八六二）成《百美名印譜》，高登衢爲之序。三年（一八六四）復成《月令七十二候印譜》，關鴻序。聞昆山於中年後在廣州雙門底（今永漢北路）設肆刻印以營生云。附刊諸印，「東風解凍」、「虹藏不見」、「昭容女史」，均樸茂如漢人鑄印；「梅妃」與「壽陽公主」學古鉩；「紫玉」師法浙派。前兩印見《月令七十二候印譜》，後四印見《百美名印譜》。

東風解凍

壽陽公主

虹藏不見

昭容女史

梅妃

紫玉

二七 周禮

周禮，字典亭。三水縣人。生活於清嘉慶、道光間。曾居廣州，寓於桐廬書舍，究心印學，樂此不疲。其篆刻，風格近似周大常；嘗見所刻作品約三十方，附於周大常之《泰崖篆印集》卷末，其與周大常關係之密切，於兹可見，蓋大常之子弟輩無疑。所作雖有師法秦漢之想，但所表現，似時下印風影響尤深，譜末云其印鐫於道光庚寅孟秋，則一八三〇年事也。附刊各印，『興復不淺』一鈕，用刀近似玉印；『汲古得修綆』、『周禮』學漢鑄印；『將不出俗人面孔』及『曲池疏竹』亦各有特色。諸印俱見《泰崖篆印集》卷末。

興復不淺　汲古得修綆　周禮　將不出俗人面孔　曲池疏竹

二八 謝曜

謝曜，字子輝，號小金山農。南海麻奢人。爲雲隱曾孫，蘭生孫，念因子。少以家學，即游於藝。十二歲習畫，山水學乃祖蘭生，曾自題畫云：『吾家六法尋常事，三世相傳十八人。』年十八，從張維屏學詩；又從妻父陳磻溪問地理之學。善篆書及行草，嘗自刻『平生私淑白詩蘇字清湘畫』一印，以表胸臆。壯年曾充幕友，并供職鹽務。子輝因家中富藏古譜，耳濡目染，十三歲即執刀學篆刻，孜孜以求，由是藝術大進。咸豐五年（一八五五），復從古譜中選出姓名印、吉語印、兩面印、長印、圓印等足爲法式之古印八十方，摹刻成譜，分爲四卷，名曰《摹古印式》，陳澧撰序，張維屏題耑。今附刊六印，即選自是譜。『陸駿印信』、『張長安印』擬漢朱文；『靳高』、『趙步大之印』、『王讙』俱取法漢白文，而方整、渾厚、跌宕，各見風格；『趙勝客』摹朱白相間印，均古樸如原作，允稱佳摹。原譜現藏余馬氏尚鼎書屋。

趙步大之印　張長安印　趙勝客　王讙　靳高　陸駿印信

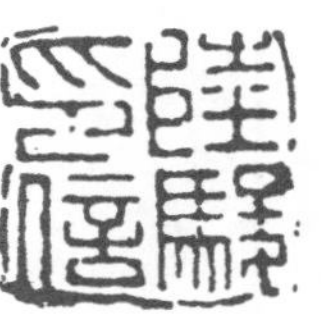

二九　張敬修

張敬修（一八二三——一八六四），字德甫，亦作德父。東莞人。清道光、咸豐間歷任廣西平樂、柳州、梧州等知府、廣西按察使，時居梅生、吴小如等名士皆客其幕，公餘即唯書畫是好。富收藏，唐緑綺臺琴即其舊物。退官後回里闢『可園』，内儲書史，外蔚花木，結構幽雅，爲近代廣東四大名園之一。德甫善寫梅蘭，事載《嶺南畫徵略》卷九。詩有《香光閣詩集》。生前輯自刻印成《可園印譜》。其印師古爲多，《東莞印人傳》有傳。附刊諸印，『虎頭山弄潮客』、『敬修之印』、『無官一身輕』三鈕，或沉厚，或秀利，各具特色。

無官一身輕

敬修之印

虎頭山弄潮客

三〇 何昆玉

何昆玉，字伯瑜。高要縣人。生於清道光九年（一八二九），卒於光緒二十五年（一八九九），享年七十一歲。畢生致力金石篆刻碑帖之學，對古物真贋之鑑別、鐘鼎彝器之拓製、古代碑刻之摹刻，均具頗高修養。篆刻初學余曼盦，以浙派爲宗，在青年時代已得孟蒲生、陳蘭甫等前輩賞識。蘭甫因授以説文偏旁秦篆漢隸之學，并勸其白文宗漢法，朱文師法元人，昆玉自是即循此道研求，努力不輟。蘭甫每喜自篆印稿，命昆玉爲之鐫刻，以爲不失筆意。此類作品，見之譜録者尚有多方。昆玉對印學之貢獻，除創作見於《端州何昆玉印稿》、《樂石齋印譜》外，對古印之收藏、整理，與傳拓方面尤著成績。其《吉金齋古銅印譜》、《吉金齋古銅印譜續》，各收印凡一千二百餘方、二百餘方，選拓均良，曾先後作過多次印行，流傳甚廣。中年又曾北走山東濰縣，作客陳介祺萬印樓，助其編拓《十鐘山房印舉》，建樹至大。晚年輯成《百舉齋印譜》十二册，旨在爲學印者舉例，雖選擇略欠謹嚴，但亦可供參考。附印六方，白文「李嘉福印」、「盧乃潼印」仿漢，朱文「尚書水部郎」、「普卿」兩印用元人法，均工穩嫻静。除「盧乃潼印」外，三印皆見《樂石齋印譜》。「沈翰印」、「雖小道亦有可觀者焉」兩印擬浙派，具見功力，原石藏黄氏瓦存室。

尚書水部郎

沈翰印

盧乃潼印

雖小道亦有可觀者焉

李嘉福印

普卿

三一 張嘉謨

張嘉謨，字鼎銘。東莞人。生於清道光十年（一八三〇），卒年不詳。爲張敬修姪。工花卉，曾受學於居梅生、居古泉兄弟；亦偶作人物。中年後專寫墨蘭，近似蔣矩亭，均得其妙。《嶺南畫徵略》卷九有傳。能詩，著有《静娱室題畫詩》。其印學余曼盦、徐三庚，時三庚游粤，主其家甚久，故鼎銘受其影響至深。《東莞印人傳》有傳。附刊諸印，『池生春草堂主人之章』、『大布衣』、『嘉謨』、『慎餘室』四鈕，饒有陳曼生氣韻，蓋余曼盦爲曼生弟子，而鼎銘又從曼盦學，故得其嫡傳也；『惟庚寅吾以降肇錫予以嘉名』、『不須辛苦讀騷經』，純是乃師袖海家法，婀娜有致；『大布衣』一鈕藏黃氏瓦存室，餘散見譜録。

嘉謨　慎餘室　大布衣　惟庚寅吾以降肇錫予以嘉名　池生春草堂主人之章　不須辛苦讀騷經

三二　宋澤元

宋澤元（一八三二——一九一二），號瀛士，一號華庭、懺華翁，齋室名息園。原籍浙江山陰，其父宦浙來粤，家於羊城之甜水巷，遂爲番禺人。年甫弱冠，即游幕潮陽、惠來各縣，旋爲粤督羅致幕中。年逾四十，即息影家園，莳花種竹，吟哦弄翰，以督課兒孫爲事，子六，兩人舉孝廉，餘亦有聲於時，新中國首任駐英大使宋之光即其文孫也。瀛士能畫，曾見其墨梅、山水，能具風致，獨惜《嶺南畫徵略》漏載其名耳。書法唐宋，於剛勁中見嫵媚，復擅爲隸書。篆刻不宗一家，所作曾於光緒二十八年（一九〇二）輯爲《懺花盦印存》四册。其子支山，又將所分得者鈐拓於《鳳山樓印誌》卷首。瀛士作品除印譜外，并有《懺花盦詩存》十一卷、《懺花盦文存》六卷行世。又曾校刊《懺花盦叢書》六十餘卷，對文事多所貢獻。附刊諸印，『瀛士小印』擬浙派，『宋』字一鈕純是元人圓朱文法乳，『舞鶴』摹漢鑄印法，各具特色。

瀛士小印　宋　舞鶴

三三 李文田

李文田（一八三四——一八九五），字畲光，號若農，一字仲約。以得秦《泰山石刻》、漢《華嶽廟碑》斷本，因以『泰華』名樓。順德人。年十八，縣試第一，咸豐九年（一八五九）成探花，旋授編修。同治間官翰林侍讀學士，後以諫建圓明園事乞歸，主講廣州應元書院。回粵後建議修補舊堤，躬親監理，有裨鄉梓。光緒十一年（一八八五）擢禮部侍郎，入直南書房；後歷充會試總裁等職。生平嗜學不倦，自經史、詞章、天文、地理、兵法、哲學，乃至金石碑帖、書版，無不精研其要，於元代史地尤爲專門，有著作多種。書學率更，更兼取北碑之神，冶唐碑、北碑於一爐，功力獨具，篆隸豪邁，爲晚清廣東名書家之一。據《嶺南畫徵略》卷九記載，亦能山水。仲約之印不宗一家，純以書法爲尚，與一般印人工於章法者不同，以其純自遣興，不肯爲人奏刀，故知其能篆刻者極鮮。後人輯有《李文田印存》。『李仲約讀碑記』一鈕，渾穆自然，印旁有『文田』二字款刻，款如其書，饒有厚健之象，印藏吴氏餐霞閣；『斯碩世寶』、『李文田』、『仲約手校』、『三萬軸樓所藏』、『自書自勘不辭勞』，均穩而雅；『文田私印』一鈕，運刀如揮毫，頗有縱姿之趣。後六印均筆者手鈐自李氏故家泰華樓。

李仲約讀碑記　斯碩世寶　自書自勘不辭勞　文田私印　三萬軸樓所藏　李文田　仲約手校

三四　梁垣光

梁垣光，字星堂，號翰墨清談館主，所居曰同古齋，故又號同古居士，亦有齋額曰篆窩。三水人。《廣印人傳》補遺作新會人，誤。生於道光十五年（一八三五），光緒二十九年（一九〇三）完度外史跋其印集，云星堂已逝，則其享年當未及七十，具體年份待考。爲徐琪視學廣東時所得士；張之洞督粤，亦以藝隱目之。工裝池，善吟詠，余嘗見其爲何仲梅刻『鉅月館』印後并繫以集古句七律四首之手稿，字蓋平穩，而詩則了無緝綴痕迹，巧若天成。友輩曾繪《篆窩覓句圖》以彰其藝。其刻印也，或擬漢追元，或師法丁、黄，偶亦效徐袖海之體，不宗一格，以刻小字印名於時；獨惜其以鬻印營生，所作部分不免曲趨時好，有瑜瑕互見之病。治石而外，復精治銅、治玉及瓷、竹根、橄欖核等之屬。光緒八、九年（一八八二、一八八三）間，有越南使臣黎碧峰、張琅洲等數人來粤，倩其刻印甚多，并相與唱和，亦中越文化交流之一插曲也。光緒二十年（一八九四），徐琪爲俞曲園祝嘏，囑星堂刻玉印以呈，時星堂年已六十，猶能製小字印，印方平六分四，而刻字一百四十有二，其造微如此，藝苑一時傳爲佳話。二十三年（一八九七），所作《梁星堂印存》乙册以石印刊行。至鈐印剪貼本曾寓目數種，《緝雅堂印存》第十册即其所作。蔡語邨先生所藏之《星堂印存》則志鋭所題，光緒壬午（一八八二）輯本也。附刊六印，『臣長善印』師漢鑄印，『碧峰』法元人圓朱文；『庚辰年七十一』一鈕，乃星堂爲陳東塾所刻製，與『雪谷詩畫』俱擬西泠，不失法度；『與君論素心』厚樸，『禺山梁氏』意近徐袖海，均各盡其態。六印除『雪谷詩畫』一鈕爲印友李灼尹見惠寒齋外，餘均見蔡氏藏譜。

庚辰年七十一　雪谷詩畫　禺山梁氏　臣長善印　碧峰　與君論素心

三五　何瑗玉

何瑗玉，字蘧盦，又號蓮身居士。高要縣人。何昆玉弟。生於清道光二十年（一八四〇），卒年未詳。曾官翰林院待詔。少嗜古博雅，遍歷吴越燕齊諸地，見聞廣博，并精鑑别，著有《書畫所見録》十餘卷。又富收藏，有元畫四，故所居曰『有元四家畫樓』，其他纍至萬餘種，古印凡千餘方，鐘鼎古泉拓本二千八百餘種，秦漢碑宋元明舊拓七千餘種。光緒四年（一八七八）與兄昆玉手拓《漢印精華》乙册，銅印三千五百餘方，均選自陳簠齋等藏家珍品，集古印譜之精，無有逾於此者。其篆刻受學於徐三庚，亦博師陳蘭甫、孟蒲生，及乃兄昆玉。刀法縱恣，章法謹嚴，《廣印人傳》補遺有傳。畫擅花卉，尤以墨梅爲著，其事曾載《嶺南畫徵略》卷十。光緒二十七年（一九〇一），以六十二歲高齡，於廣州多寶橋寓齋，手摹《秦琅邪臺刻石》，毫釐畢肖，逾年乃成，存古之功，誠不可没。原石現藏越秀山『廣州碑廊』。附刊諸印，『雲海飛鴻』作於咸豐乙卯（一八五五），時年才十六歲，雖爲摹擬之作，而刀法嫻熟，可見功力之深，印見《尺水樓印存》。『蘧盦』、『何瑗玉印』乃自用印，布局舒徐，各具其妙；『何洛私印』、『衍周六十以後翰墨』兩鈕，即置諸西泠諸家譜中自亦當選；『飛泉洞主』一鈕，徐三庚爲繫長跋，中有『蘧盦自製此印，深得漢人渾穆之趣，志此以佩』之語，按刻製之年爲庚辰（一八八〇），蘧盦已四十許矣。後三印藏黄氏瓦存室。

何洛私印

飛泉洞主

蘧盦

雲海飛鴻

何瑗玉印

衍周六十以後翰墨

三六　黄雲紀

黄雲紀，字禹銘，又字禹明、譽聞、予聞、虞民、愚民、禹鼎，别號忍齋、禹明主人，又號叚釋，晚號清遺，書齋曰雙鳳條館、風韻雲意樓、思無妄室。南海縣人。生於清道光二十二年（一八四二），卒於一九一二年，享年七十一歲。其印專攻浙派，出入陳曼生、陳秋堂諸家，得意者每具意態韻趣，粤人摹浙派者固非黄氏最精，然亦不失爲一佳手。所作有《忍齋百忍印譜》四卷（一九一一年輯）、《百忍齋印稿》等多種，後者葉銘《葉氏印譜存目》一書曾予著録，其中晚年之作尤多。《廣印人傳》補遺曾載其傳。篆刻以外，并能詩歌、書法。附刊諸印，『事貴能忍耐』、『兄弟同居忍便安』、『南海黄氏忍齋主人百忍印譜』三印俱出《忍齋百忍印譜》，工整秀勁，純是秋堂、曼生家法；『一生好入名山游』一鈕尤宏厚雄健，最得曼生神韻，『柱史裔孫』擬玉箸篆，亦安雅静穆，兩印見《百忍齋印稿》。

一生好入名山游　柱史裔孫　事貴能忍耐　兄弟同居忍便安　南海黃氏忍齋主人百忍印譜

三七　梁于渭

梁于渭，字鴻飛，又字杭叔、杭雪。番禺人。早歲肄業菊坡精舍，以文章淵雅爲山長陳澧所激賞，然在粵屢試皆不售。年近四十，始以國子監生應光緒八年（一八八二）順天鄉試，取副榜貢生，越兩年中舉，又四年（一八八九）成進士。官禮部時，暇喜與繆荃孫、沈曾植、葉昌熾等研討金石碑版之學，《麟枕簿》即其考證金石文字之作。又擅書畫，尤長於青緑山水，《嶺南畫徵略》有傳。杭叔少負才氣，惟仕途殊坎坷，又不滿官場之生活方式，性耽學藝，曾見其一跋云：『梟廷對後，備官祠部，闒宴謁師，塵煩彌劇；既司蘭省，夜直晨衙，頓與硬黄翠墨曠若千里。』心中恒鬱鬱不歡；後復見怒於任縣令之岳父，竟致無家，刺激交集，久之遂害精神病。石德芬《小徂徠館遺詩》註云，杭叔曾充四川學使譚叔裕幕友，其詳不可知矣。歸粵後寓於羊城學宫街之節孝祠，賣畫爲活，嫉俗憤世，鎮日閉門揮毫舞劍，除一書僮及摯友陳石崖外，雖至親亦不納，否則拔劍相向。晚年鬻畫不能自給，所蓄古錢舊籍皆以易米，景況愴凉，石崖常慨然助之，然於藝事鑽研仍不少懈，屢率僕郊游流連幽勝之處，藉增繪畫素材。其於世事冷落如此，而於學藝則耽之若是，懷抱可知。生年待考，其卒一説在一九一三年，余嘗走訪杭叔最後之書僮鄭蘇，鄭云宣統三年（一九一一）起傭於梁家，凡七年，至杭叔歿始他就，則杭叔之死當在一九一七年，聞享年約七十許云。杭叔治印遵東塾之訓，白文宗漢，朱文學元人，均渾雅有法度。傳説彼中年奏刀甚勤，晚年則不刃一石。附刊諸印，『梁于渭印』、『曲里别業』擬漢鑄印，均樸厚；較大之『梁于渭印』一鈕，變化吴《天發神讖碑》，納故吐新，爲個人面目；『梁』、『杭叔』及連珠印『安・定』，則又元人之遺法也。各印俱見黄氏瓦存室所藏抑本。

梁于渭印　杭叔　曲里別業　安·定　梁于渭印　梁

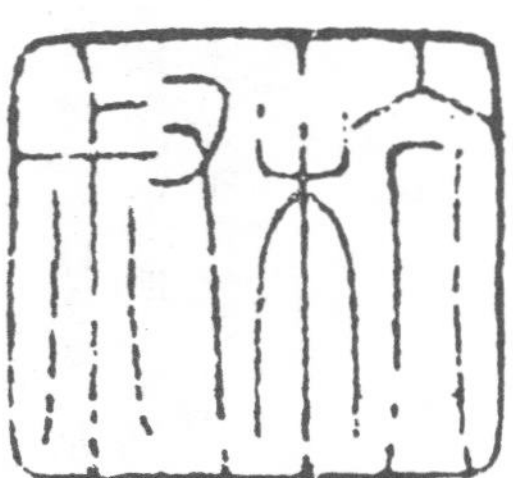

三八　莫善元

莫善元，字弼卿，號笠齋。新會人。生活於清道光、咸豐、同治、光緒間。年十二即嗜篆刻，十四五歲已能爲戚友製印，是時勤摹精刻，其摹古之作已逾二百矣。年二十六，游藝四方，客凌江者二年，游江右者一年，歸粵後遂以講學爲事。晚歲隱居岡城之壺隱山房，而求其刻印、學印者恒盈門，其姪孫復初以刀法爲請，遂撰《發明仿古印學論》數千言以啓示之。光緒八年（一八八二）楊炯（紀卿）輯其所爲《發明仿古印學論》及《師古堂仿古印章》、《師古堂篆刻印存》而成《師古堂印存》兩卷行世。文字部分有輯古之功，而創見殊鮮，論亦平平；刻印多類《飛鴻堂印譜》，然亦偶有佳者。附刊諸印，『書法魯公』、『冰壺室』兩鈕，意近西泠；『履約』有元明人風致；『軍曲』似擬漢鑄；餘『開粵大魁之後』、『讀未見書』亦各具特色。各印俱見《師古堂印存》。

開粵大魁之後

軍曲

履約

冰壺室

讀未見書

書法魯公

三九 張崇光

張崇光，字子勉。東莞人。張嘉謨子。幼隨父習文藝，畫工花卉，《嶺南畫徵略》卷九稱其賦色明艷。餘詩詞、書法均有修養。民國初年，子勉已年邁，嘗執教於東莞之中學校，誨人不倦，人多以此稱之。未幾即歸道山。篆刻承家學，受徐三庚影響，功力甚深。附刊諸印，「神妙欲到秋豪顛」、「鶴邪」兩鈕純是袖海法乳；「曲江後裔」一鈕，沉厚勁健，近似西泠。三印俱見《東莞印人傳》。

神妙欲到秋豪顛　曲江後裔　鶴邪

四〇 潘飛聲

潘飛聲（一八五八——一九三四），字蘭史，號水晶盦道人、歸盦。番禺人。所居曰翦淞閣、水晶盦。壯歲曾游歐西，晚歲寄居上海。能詩文，擅書畫。有《説劍堂詩文詞集》、《翦淞閣隨筆》、《羅浮游記》等書行世。書近梁山舟，甚蒼潤可喜。《嶺南畫徵略》續餘謂其能作折枝花卉。蘭史素嗜印，曩在晚清，嘗與黄士陵、柯雲虚父子等盤桓，討論印藝。每得佳印，輒喜操刀如鐫、跋語，類此者余嘗寓目數方。附刊『閩粤世家』一印，乃蘭史手刻，有漢鑄印風味，其旁款云：『光緒癸巳九月，偶作此印以賜賢兒，勉其讀書致用，毋墮家聲可也。蘭史記，時年三十六。』印見《文印樓印存》。

閩粤世家

光緒癸巳九月
偶作此印以貽
晉兒勉其讀

書致用毋墜
家聲可也
蘅史記時年

三十六

四一　江逢辰

江逢辰（一八五九——一九〇〇），字孝通，又字雨人，號密盦。歸善縣（即今惠陽縣）人。早歲即喪父，家貧劬學，事母至孝。光緒十五年（一八八九）中舉人，十八年成進士，曾任吏部主事，會試彌封官等職，後以母老乞歸，掌教惠州豐湖書院，爲人清風亮節，頗負時譽。著有《密盦詩文集》、《孤桐詞》、《華鬘詞》、《孝通遺集》。母歿，哀毁逾恒，遂卒，年四十二歲，人稱『江孝子』。孝通工詩文詞，精經史金石，書法擅篆及行楷；據《嶺南畫徵略》載，亦能山水、墨竹。其印以篆學功深，古茂挺勁，『逢辰之印』似鄧石如，『孝通』一鈕，結構奇妙，用刀厚拙，『翽高』一印刻於光緒丙申（一八九六），時年三十八歲，篆法嫻熟，邊款尤遒勁可喜。後一印見南海潘氏《緝雅堂印影》。

逢辰之印　孝通　翽高

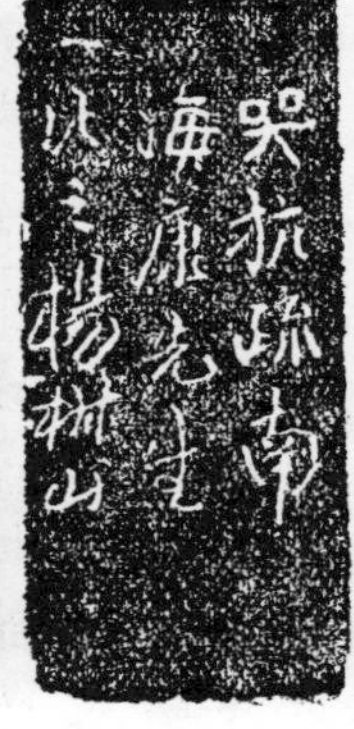

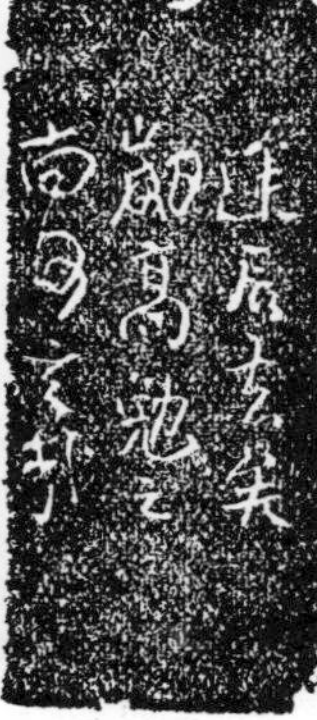

四二 金德樞

金德樞，字月笙，號希農。原籍浙江杭州，後以世代定居廣州，遂爲粵人。少以文名，補貢生，中年曾任廣西某縣知縣。卸任後即來穗垣，以鬻書賣印自給，撝謙友信，頗爲朋儕稱道。其書專攻趙顬波，精熟遒媚，小至扇頭，大若壽屏，均揮灑自如。能畫墨梅，純法其宗人金農冬心，得野冷之趣。又擅刻竹及扇骨之屬。其於古玉也，既精鑑賞，復癖嗜之。一日，赴友人宴，酒酣解長衫懸架上，與會之某君乞以所佩灑金紅之漢玉環假玩數日，希農允之，及歸，發覺長衫袋中有港幣五百元，知此乃某君用計，悵氣交集，連夜擲回紙幣，索歸原物，其癖嗜如此。臨易簀時，猶以此環不可輕與別人爲兒孫囑，時一九二八、一九二九年事也，卒時約七十歲。希農治印學西泠，以沉厚見稱；邊款儒雅，楷隸并妙。附刊兩印，作於光緒二十九年（一九〇三），時希農約四十五歲。『沈澤棠吉金樂石之記』一鈕，擬漢鑄白文，勁健挺拔；『莡鄰日利』則又華樸相生、剛柔互濟也。

沈澤棠吉金樂石之記　茝鄰日利

四三　伍政宣

伍政宣，字鐸琴，一字梅孫。南海人。生活於晚清咸豐、同治、光緒間。工書，尤精於隸法。亦能詩。所居曰懷雪齋，蓄書畫典籍文物甚富。其治印不宗一家，功力雖具，而以見聞所囿，所作不免有若干拘限。光緒十二年（一八八六），其子建常之同硯吕元璋，於其舊宅荷溪别墅之讀我書樓見其遺刻數十方，乃輯而存之，題曰《伍鐸琴印稿》。附刊諸印，『政宣私印』一鈕，雖法漢人，而頗具西泠風致；『鐸琴墨緣』法浙派；『儼若面談』、『伍氏懷雪齋印』、『秋菊堪餐春蘭可佩』與『伍氏鐸琴』四鈕，則似以飛鴻堂之影響爲多也。各印俱見《伍鐸琴印稿》。

伍氏鐸琴　政宣私印　秋菊堪餐春蘭可佩　鐸琴墨緣　伍氏懷雪齋印　儼若面談

四四　柯兆明

柯兆明，字鐵生。清咸豐、同治、光緒間人。爲南海印人柯有榛長子，與乃弟兆良同受印學於其父。同治三年（一八六四）所刊《里木山房印存》，即輯其作品十餘方於內。鐵生印攻浙派，工穩蒼健，有乃父風格。附刊諸印，『心同流水身比閒雲』一鈕，古秀挺勁，平静中見流動；『聽小窗風雨』、『北窗梅月最知心』兩鈕，家法深嚴，功力精到。印見《里木山房印存》。

心同流水身比閒雲　聽小窗風雨　北窗梅月最知心

四五　柯兆良

柯兆良，字管生。南海人。爲印人柯有榛少子。出生於咸豐間，而卒於晚清末葉。幼年即從其父習治印，同治間所刊《里木山房印存》，即附入其作品。光緒七年（一八八一），管生以其所作輯成《里木山房印稿》兩卷行世，并於書前寫道：『蓋印要多蓄鐘鼎古文金石奇字，博覽《説文》諸家謌字。』又言：『從漢印起，手多臨摹，先學其樸厚、省文配法，小心用筆，書篆印上後，大膽奏刀，氣雄力厚方妙。』論至洽妥。管生之印，純宗西泠，以讀古譜多，亦常有漢人風致，功力雖不及其父有榛，然當可與其兄兆明仰齊足而并馳也。附刊諸印，『印癖』一鈕結構甚大膽；『賞雨茅屋』、『無絃琴齋』兩印均學浙派，後一印字法在漢金、古隸之間，意態尤爲難得；『番禺潘飛聲印』作於光緒十年（一八八四），自云取法漢印，印人楊其光見而悦之，曾跋印側云：『管生爲蘭史作此印，可謂腕有秦漢鬼矣。』此印現存黄氏瓦存室；『愛畫入髓骨』一印，擬意丁龍泓，韻味亦佳，見《尺水樓印存》；『管生』一鈕亦具特色。

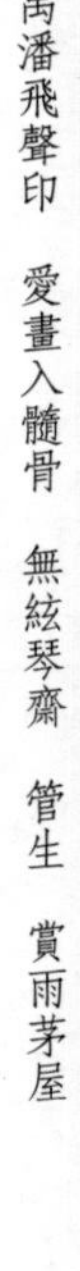
番禺潘飛聲印　愛畫入髓骨　無絃琴齋　管生　賞雨茅屋

四六　羅岸先

羅岸先，字登道，號三峰，又號野舫，亦曰也方，以與野舫同音故也。番禺人。生活於晚清咸豐、同治間。家居於穗垣大石街，周植幽篁百餘竿，因名其畫室曰有竹居。山水學文衡山、藍田叔，得静秀之致；花卉學惲壽平；偶亦涉筆爲人物，均有名於時。《嶺南畫徵略》卷十有傳。能詩，其題《西樵山養雲廬》云：『絡石雲爲梯，約山雲作帶。築室雲當門，補樹雲張蓋。山高人迹少，久與雲相待。雲亦爲人留，人共雲無賴。一夜枕雲眠，紅日窺山外。』有題畫詩乙卷，已佚，其詩惜爲畫名所掩。三峰之印，變化浙派，而自出機杼，余曾見其所作凡十餘方，類皆咸豐十年至同治三年（一八六〇至一八六四）之製，豈其癖印最深時之作歟？附刊諸印，『四百三峰樵客』、『夢星』擬漢印；『嚴荄』、『李孟星印』兩鈕，意近西泠；『李白子』學秦篆，均見功力。除『嚴荄』一鈕爲黄氏瓦存室所藏外，各印并載《緝雅堂印存》。

嚴荄　四百三峰樵客　李孟星印　李白子　夢星

四七　蘇展驥

蘇展驥，字梓敬，號筆虎、器父、若瑚，又號不俯翁。三水人。生於清咸豐末葉，卒於光緒二十五年（一八九九）。擅書法，楷行均厚健，尤癖於八分。於篆刻之學，致力獨勤，搜羅排比，曾手自粘貼《文印樓印存》四種，六七册，又輯有《寶刻經眼印存》、《劍虹生印篆》兩種，實印學之有心人也。其刻印以巧見勝，得意者頗見其刀法之美，失者則微傷於薄。附刊諸印，『碧雲點筆』、『辛有廬』兩鈕均擬漢人，前者學鑿印，後者學西漢初之鑄者；『景垞』取法漢金文，聚散盤屈，均饒有意態；『前忠烈公裔孫後忠烈公嗣子』作圓朱文，字重而結構有所變化，具見作者設計之巧；『簡蓀』用刀爽利，亦有可觀。各印見其自留印稿。

碧雲點筆　景坨　辛有廬　前忠烈公裔孫後忠烈公嗣子　簡莽

四八　曾益

曾益，字履齋，又字里齋。南海佛山人。生於清咸豐十年（一八六〇），卒於一九三〇年，享年七十一歲。畢生嗜讀書，精《説文》六書之學，餘事擅篆書及篆刻，中年於佛山設館授徒，清末民初寄居於香港之傅翊朋家，爲課其子姪，以至終老，傅秉常即是時弟子也。附刊諸印，『陳樾』擬漢鑄印，『伯任』乙鈕取法浙派，兩印均作於光緒二十三年（一八九七），時年三十八歲；『積健爲雄』仿漢；『北陰』、『寶臣』兩印亦各有特點。各印俱見陳樾先生藏印、藏譜。

張名題印　北陰　積健爲雄　伯任　陳樾　寶臣

四九 温其球

温其球（一八六二——一九四一），字幼菊，號語石山人，晚歲署曰菊叟。順德龍山鄉人。少年即嗜書畫篆刻詩文，時值清季末葉，列强横行中國，幼菊潛思文藝雖屬個人之好，然不若從事機器、輪船等製造之有益於社會國家也，乃發奮研習繪圖、電學、機器製造學。十八歲以後，歷職廣東軍裝機器局、魚雷局等軍備機構。甲午之役，隨北洋海軍提督丁汝昌北上，任旅順船隖局機器總委員，以力禦外侮爲使命。辛亥革命後仍在海軍司任事。其早年之研究藝術，蓋在公餘之暇耳。然天資獨高，致力又勤，繪畫、篆刻、書法俱深於法度。其青緑山水及意筆花卉，風神疏朗，求者接踵。五十六歲退隱居家，作畫自遣，後輩從之問道者，每樂爲指授。年八十，病卒香港。其篆刻不宗一家，書畫用印俱出手製，《廣印人傳》補遺曾列其名。附刊諸印，『温其球印』、『丹青不知老將至』擬漢白文，『順德温』意近牧甫；『友鯤』一鈕，直是元人朱文韻味；『延和室藏書印』、『其球』兩印，盤屈巧雅，刀法亦工。

其球　温其球印　延和室藏書印　順德温　友鯤　丹青不知老將至

五〇 李宗顥

李宗顥，字煮石，號邵齋，又號蕭葊、夷白，别署憤石生，所居曰廿三石室、木連理齋、思亮廬、煮石簃、憤石齋，以偶於冷攤購得米芾『靈璧石硯山』，珍逾拱璧，因又名其齋曰靈璧山館、米菴、芾山亭、三十二夫容山館。南海人。清同治元年（一八六二）生，一九二一年爲土匪伏擊斃命於鄉，享年六十歲。煮石幼喜金石目録之學，隨父應鴻游宦陝西，恒有金石古物發現，是故不獨多得石墨，且獲古刻不尠，彼之齋名『廿三石室』者即以此。究之既深，所得日廣，有《蕭堪讀碑記》二卷，對孫星衍、趙撝叔金石著述多所匡正。又精古籍校勘之學，江陰繆荃孫，即其論學諍友也。客京師時，曾游於李藥農之門，并嘗館於其家，爲督課子弟，是以煮石之楷書、行書均胎息於藥農，穩重雄健，深有功力，偶作篆隸，亦有可觀者。間作畫，駸駸入古，《嶺南畫徵略》卷十有傳。煮石不得意於仕途，至光緒末，仍僅得正八品之湖南衡州府經歷一職。晚年絶意宦海，於穗垣孖通街設虹月簃骨董店，以交流文物及鬻書爲活。其治印以整飭光潔爲宗，惟用刀略傷於弱，有《蕭菴印存》乙册，舊藏黄任恒家，今不知所在矣。附刊諸印均其自用，『廿三石室』取意吴《天發神讖碑》，『邵齋』以隸入印，餘『蕭葊』、『木連理齋』、『古之季馴今季巡』、『宗顥』各鈕亦文静有致。

古之季馴今季巡　邵齋　宗顥　木連理齋　廿三石室　蕭莽

五一　劉慶崧

劉慶崧，字聘孫、邦孫，號萍僧、留庵，又號留公、非翁、四不翁、觀復道人。祖籍江西南城，以家於廣州，遂佔粤籍。生於清同治二年（一八六三），卒於一九二〇年。其宅建於穗垣西北越秀山與六榕花塔之間，乃顔所居曰山光塔影樓，又曰藝隱盧、玉華庵，蓄碑版書畫之屬甚富。留庵擅詩詞，著有《明瑟集》、《海鷗集》。書法雄奇，於《石鼓文》、《天發神讖碑》、《曹全碑》均有深究。其治印也，初宗浙派，用切刀，後受黄牧甫影響，乃改用衝力，剛勁凌厲，氣魄雄厚，自成格度，牧甫亦每許之。其印已輯成譜者，有《藝隱盧篆刻》等。陳協之、馮康侯均嘗從之問學。其猶子玉林，亦以篆刻傳其業。附刊諸印，『壯夫不爲』、『觀復道人』兩鈕，均雄健；『百年三萬六千日不可一日無此君』，剛鋭無匹；『身如萍寄心比僧閒』意擬完白山人；『觀止』、『留公』則又别得爽利之致也。除『留公』一鈕藏黄氏瓦存室外，各印均見《藝隱盧篆刻》。

百年三萬六千日不可一日無此君　留公　觀復道人　觀止　壯夫不爲　身如萍寄心比僧閒

五二　伍德彝

伍德彝（一八六四——一九二七），字懿莊，號逸莊，亦號乙公。南海人。爲河南伍家之裔。父延鎏、叔金城、弟樂陶，皆擅書畫篆刻，并有著述。懿莊幼承家學，好蓄書畫文物，從居古泉游，畫學益進，所繪花卉、翎毛、山水，風致宕逸，面目自具，《嶺南畫徵略》卷十有傳許之。書工篆隸，渾厚蒼勁。又能詩詞。篆刻私淑西泠，而折衷古法，所刻多自用印，不輕爲人奏刀，與游粤印人黄牧甫、符翕交甚厚，頗通印學。《廣印人傳》補遺曾載其小傳。光緒三十二年（一九〇六），懿莊集古今人篆刻成《綠杉軒印譜》六册；民國初年，又以牧甫所與刻印，輯爲《懿莊印存》乙册。藝事之外，懿莊復提倡教育，廣州昔日之南武學校即其創建，并曾任教是間。晚年失明，家境復困，不幸鬱鬱以終。附刊各印，爲何庸齋所手鈐，『漢瓦樓』、『尹氏伯子』、『爟印』三鈕，工穩厚樸，非邃於印學者所不能爲；『尹笛雲』一鈕樸茂自然；而『德彝畫印』、『逸莊』兩自用印之布局、刀法，則又具見技法之嫻熟也。

尹笛雲　逸莊　尹氏伯子　漢瓦樓　德彝畫印　燿印

五三　吴趼人

吴趼人（一八六六——一九一〇），初名寶震，後易名沃堯，字小允。繭人、趼人及我佛山人，均鬻文時筆名也。南海人。爲清代學者吴榮光曾孫。趼人出生於北京，時家道已中落，父爲從九品之小吏。翌年，還居故里佛山。年十三，入佛山書院供讀，十七歲，以父死輟學，乃赴滬傭于江某茶莊，後轉入上海製造局習繪圖。業餘，以性嗜文學，又洞悉時弊，乃撰文投稿于李伯元所編之《游戲報》，啼聲初試，即爲社會所重視，于是乃于光緒二十三年（一八九七）投身報界，先後主編過《月月小説》等多種報刊，撰有《二十年目睹之怪現狀》、《恨海》、《痛史》等小説、戲劇、雜文等三十餘種，凡二三百萬字，爲晚清著名小説家之一。富愛國熱情，曾參加光緒三十一年（一九〇五）之反美運動。光緒三十三年（一九〇七）主辦廣志兩等小學，欲借此推動社會教育事業，惜未幾即病逝，得年四十有五。趼人長於文學，以家傳，亦能畫，治印特一時之興而已。附刊三印，『沃堯』、『趼人』兩鈕均自用，巧而不弱，『折芙』一印乃刻贈順德蔡哲夫者，邊款云：『哲夫先生一笑。趼人。』得意處近似吴讓之。後一印現藏黄氏瓦存室。

沃堯　趼人　折芙

五四　黄恩銘

黄恩銘（一八六六——一九〇一），字褒領，别號至多，有黄通、褒銘、酎銘、宙明、褒文、銘道人等，其讀書處曰漢瓦宋磚之室。三水胥江大坃鄉人。少有奇氣，年十二，鄉人某以長聯試之，操筆立就，驚其長老。年二十七，以縣案第一進庠。越二年，科考經古被選以一等補增生。褒領長於經史詞賦之學，甚得時譽。善書，篆隸質樸自然，饒有天趣；楷書得力於顔魯公，偶或參酌《爨寶子碑》，風格近似定盦之子龔橙，結體奇特，韻致恢宏。涉筆畫墨蘭，亦瀟灑無塵俗之氣。褒領治印，主張『取古之先得我心者，心摹手追，取神遺貌』，又以『字無定形，刀不復舉』爲其創作之旨（見其自序及跋語）。今觀其光緒二十五年（一八九九）所輯《藤花盦印存》，奇正相生，樸拙古茂，確有可觀者。附刊諸印，『臣恩銘印』、『國翰』兩鈕，意近漢人鑿印；『棨印』一鈕，純是鑄印之遺；『丙寅生』、『幹南』、『倚琴室』三鈕，或雄健，或樸茂，各具特色。各印均見《藤花盦印存》。

丙寅生　滎印　幹南　臣恩銘印　倚琴室　國翰

五五　楊其光

楊其光，字侖西，一作崙西，又字公亮，號花笑客。番禺縣瑶溪鄉人。生於清同治初年，卒於一九二六年前後。父永衍工詩詞，擅山水，富收藏，與陳澧、黄培芳、居巢兄弟爲詩文書畫友，有《添茅小屋古銅印譜》及詩詞集多種行世。侖西幼承家學，早歲即蜚聲詞壇，有《花笑樓詞》。清末民初間，畫人揮灑既畢，倩其題詞者頗不少。又善篆隸。其刻印專師浙派，沉厚遒勁，頗近丁、黄，當其作客福州時，曾輯所刻印爲《添茅小屋印譜》四册，時光緒二十七年（一九〇一）事也。諸刊六印，『詩書滋味長』、『先德清芬』、『畫船聽雨』三白文印，均沉厚而勁健；『議郎孫子』、『我是荔支仙』兩朱文印，工整中見樸茂；而『三窘寶之』則尤厚重也。

附注：永衍爲其光祖父，永衍子湘舲文珪爲其光父。行書《自作詞》扇面鈐朱文小印『乙卯年五十』、隸書題匾『十香園』款署『辛酉春月』，推知其光生於同治五年（一八六六），卒於一九二一年後。見鄺以明《楊其光生平及其書印藝術初探》，刊《印説》二〇一九年第一期（總第六十六期）。

議郎孫子　先德清芬　三君寶之　詩書滋味長　我是荔支仙　畫船聽雨

五六 胡曼

胡曼，字漢秋，號洞雪，又號漢頑、老漢、曼叔、漢老。順德縣人。生年未詳，一九二九年卒於廣州，年六十餘歲。《廣印人傳》補遺有傳，謂其刻橄欖核印極精，惟籍貫則誤爲番禺人。漢秋幼年即有神童之譽，書畫金石早具根基。從南海柯有榛治印，專攻浙派，得意處往往神似黄秋盦。時黄牧甫游粤，以金石名海内，見漢秋刻印而盛譽之，以爲廣東之一佳手。與詩人潘飛聲、畫人伍德彝游，偶賦古詩，清朗可誦。畫則疏淡似大癡、雲林。書喜作隸書，亦古雅有法度。辛亥革命後僦居港九甚久，與畫人潘冷殘交甚篤，鬻印無暇日，『曼叔』蓋其晚年喜用之署款也。著有《漢秋印存》、《漢廬印存》及《橋西草堂詩集》。附刊諸印，『飲且食兮壽而康』、『漢老』兩印，均蒼勁老辣；『襟上杭州舊酒痕』則又别具樸厚之趣；朱文印『劭宣眼福』，整飭嚴謹，平正而不呆板，與牧甫有暗合處，自是佳品；『西湖游客』、『一研梨花雨』兩印，純是浙派本色。『一研梨花雨』有邊款曰：『研池春濕，玉露香涵，飛一樹之梨花，寫數行於蕉葉，安得百二研田富翁招手晴窗，同試廷珪妙墨也？己巳（一九二九）三月，曼叔記於尺園。』語極清雋。不意數月之後，曼叔即溘然長逝矣。

襟上杭州舊酒痕

一研梨花雨

劭宣眼福

飲且食兮壽而康

漢老

西湖游客

五七　黎廷俊

黎廷俊（一八六九——一九三七），字清仕，亦作青士。高要縣人。父爲拓墨工匠，日駐肇慶七星巖内，俟游客所需，隨爲拓墨，家貧，日不能給，廷俊只入私塾供讀一年即習裝裱。比成年，乃自設一裱畫小肆以維生計。好書畫，以經濟能力所縛，未嘗從師問道，客有佳品付裱，輒以廢紙續成臨稿以存，久之，遂窺六法之秘。嘗有一顧客以名家工筆人物囑付裝池，廷俊攝其神，以意筆爲之，而神采較原畫尤勝，客來取畫，見其所作，竟欲易之。其治印亦無師承，潑辣蒼勁處，不拘繩墨。附刊諸印，『廷俊私印』一鈕如老樹盤屈，雖結字與古法未盡相合，然極得錯落之姿；『滄浪漁父』之『浪』，水旁乃借上字，用刀鐃有奇趣；『行年五十而知四十九年之非』亦錯落有致。

廷俊私印

滄浪漁父

行年五十而知四十九年之非

五八 潘和

潘和（一八七三——一九二九），字致中，亦作至中，所居曰畫影樓、抱殘室、芝連理室，别署雲滘鄉人、抱殘、至公。南海人。爲楠卿之弟。早歲即以畫名於時，山水渾厚蒼莽，蓋得於石谿、廉州，一九二三年與姚粟若等組織癸亥合作畫社；越年，又擴設爲國畫研究會，提倡至力，《嶺南畫徵略·續録》有傳。書法不專一家，篆分楷草，皆得風致。又能爲詩文詞曲。鑑别則自版本以至書畫印鏡陶瓷竹木之屬，莫不窮其源自。遺著有《抱殘室筆記》。致中於印，宗東塾遺法，功力所詣，二十餘歲即華樸相生，蜚聲儕輩。附刊諸印，『潘和長壽』擬鑄印，渾厚如漢人遺製，『潘和所藏金石書畫記』一鈕則意近浙派，兩印皆其二十七歲時所刻；『癸酉生』及『龢』兩鈕，變化彝銘古鉨，頗得神髓。『南越甓瓦』乃其四十五歲時得南越漢瓦後以陶自製此印以紀念者，印仿漢瓦當，樸拙有古趣。

潘和長壽　南越甓瓦　潘和所藏金石書畫記　癸酉生　龢

五九 易孺

易孺（一八七四——一九四一），初名廷熹，亦名熹，字季復，號大厂，因信奉佛教浄土宗，并茹素多年，故亦號大厂居士，别署韋齋、孝穀、待翁、外齋、花鄰詞客、前休後已盦主等。鶴山縣人。早歲在廣雅書院從朱一新、廖廷相、梁鼎芬等治樸學。後東渡日本讀師範。回國後在江寧從事教育行政。辛亥革命後曾旅居北京數載。一九二三年居滬，歷任暨南大學、國立音專等校教授。大厂才藝廣博，古文、詩、詞、曲、篆刻、書畫、聲韻訓詁、金石等，造詣甚深。作品之已刊行者有《大厂詞稿》、《雙清池館集》、《孺齋丁戊集》、《大厂集宋詞聯帖》、《大厂畫集》、《韋齋曲譜》、《楊花新聲》、《識字字典》、《大厂居士遺墨選刊》等。散見報刊者不勝枚舉。尚有《荀詁》、《魏齋漢碑跋》、《聲韻新解》、《華嚴蠡測》等多種未行世。易氏還曾主編《華南新業特刊》，提倡書畫金石。大厂篆刻，早年曾受黄牧甫影響，後上追漢印，得其沉厚。一九一七年回廣東，更與李尹桑共研古鉨年餘，由是鉨印兼工，章太炎以爲樸茂遒美，嘗撰文稱譽，深得南北人士推重。晚年益取封泥淳樸，陶鎔變化，所作更臻妙境，爲近代廣東著名篆刻家之一。篆刻作品之已成集者，有《魏齋鉨印存稿》、《魏齋印集》、《鄦齋印稿》、《孺齋自刻印存》等多種；又以所藏古印成《魏齋鉨印集》；與李尹桑篆刻作品合作而成者，有《秦齋魏齋鉨印合稿》。附刊諸印，『譚觀成印』猶是黟山家法，『大厂居士孺』、『前休後已盦主』有封泥之趣，『眇羲（妙曦）居士』則得法古鉨，餘兩印亦得古人法度。

前休後已盦主　大厂居士孺　譚海朝　眇羲（妙曦）居士　譚觀成印　屈向邦印

六〇　程竹韻

程竹韻（一八七四——一九三四），原名景宣，號龍湖叟，別署竹叟。南海縣人。畢生鬻畫自給。山水學王石谷，花卉法蔣南沙，俱稱嫻熟。往日廣州各酒家茶室所懸畫幅，多出其手筆，由是知名。曾與友人創尚美國畫研究所，宣統二年（一九一〇）又設尚美畫社授徒，桃李頗衆。竹韻兼工書法，閒爲詩文，以穩正見稱。張大經氏嘗以其手拓竹韻自刻書畫用印譜録見貽，約六十方，均樸厚而有法度，學漢之外，亦受浙派濡染，《廣印人傳》爲之立傳，蓋有以也。『閒情偶寄』、『龍湖』兩白文印得樸茂；『冰壺秋月』以峭勁見長；『程氏竹韻』、『松聲琴館』兩印雖俱沉厚，而後一印之粗頭亂服，不減風姿，尤爲難得；『東莞容祖椿印』一鈕爲黄氏瓦存室所藏，此則以光潔而厚重爲勝也。

冰壺秋月　閒情偶寄　龍湖　東官（莞）容祖椿印　程氏竹韻　松聲琴館

六一 葉期

葉期，字退菴，以字行。南海人。生於清同治年間，卒於一九一四年。葉銘《廣印人傳》有傳。刻印專攻浙派，冷峭雋永，神韻爲粤人私淑西泠者之傑出人物，所作朱文，逼肖黄秋盦，白文厚樸而挺勁，置諸西泠諸家譜中，幾至不可辨認。以工於魏晋人書，其於邊款，亦孤逸疎宕，獨樹一幟，世鮮能及。昔廣州雙門底之登雲閣，即其懸潤例鬻印處。又擅分書，頗得高致。退菴雖具一藝之長，然猶不免死於窮餓，聞其故後，妻子竟至彷徨無依，用知當時社會藝人之苦況。附刊五印，『葉期退菴印信』、『百花邨人』、『容祖椿』三印遒勁宏厚；『亦陶香波夫婦鑒賞之章』，工緻古秀；『臣期私印』有跋語曰：『此仿自山臣震私印。既曰私印，又用臣字，不合古法，姑存之以記過。期。』而樸茂之致爲不可及也。

葉期退庵印信　百花邨人　亦陶香波夫婦鑒賞之章　容祖椿　臣期私印

六二　張　度

張度，字仲衡。東莞人。幼天資穎悟，卓犖不群，詩文好爲奇險語。爲晚清廣雅書院西學科高材生。善畫蘭竹。其印清勁拔俗，用刀爽快利落，有解衣磅礴之概，不斤斤於六書之規限。惜未及壯年，即以侍兄疾獲病而卒。《東莞印人傳》有傳。附刊諸印，『張度』一印，用刀近似浙派，惟面目自具；『仲衡』蕭散自然，有樸茂之氣；『續四愁生』一鈕則又雅静自若也。

仲衡　續四愁生　張度

六三　陳維湘

陳維湘，字楚卿。番禺人。光緒十七年（一八九一）順天鄉試舉人。幼隨父泰裕游宦粵西，盡攬山水之奇，比長，客浙江藩署幕中，晚游北京，遍歷湖山佳勝。工畫，山水擬王石谷，最得韻致；間寫仕女，近似改七薌。《嶺南畫徵略》補遺有傳。能詩，有《聽香池館詩鈔》。書法長於篆隸。生前輯自刻印成《聽香池館印譜》。其印沉厚勁健，雖貌近西泠，而實得漢人之法。有印譜藏於家，今則不知流落何所矣。卒年五十有七。『潘衍桐印』一鈕，乃爲南海潘嶧盔（琴）父所刻，工穩雄健，邊款亦樸茂可觀。印見《緝雅堂印影》。

嶧琴年伯大人正玩
霈之
正篆 經陳雅湘

六四 馮師韓

馮師韓（一八七五——一九五〇），原名漢。鶴山人。因慕韓愈之爲文，故字師韓，又好鄧石如書法，亦號鄧齋，晚年因宿疾腎沙病霍然而癒，因號無沙老人。所居曰『百漢鏡齋』。早年畢業於香港皇仁書院，又曾在天津北洋工學院供讀。甲午戰起，充山海關後隊電報領班，羽書分馳，矢盡厥職。戰後南返，然其畢生所事乃文教界，并終老香江。其書以隸名，大抵以《華山碑》、《史晨碑》植其骨，而參以鄧完白筆法。篆追金文、石鼓。楷則涵泳於《鄭文公碑》與《張猛龍碑》之間。偶爲畫。印則以鄧石如與黄牧甫兩家爲歸。《廣印人傳》爲傳。有《漢字〈說文〉易檢》、《書法闡微》、《馮師韓書畫集》行世。附刊諸印，『家在越王臺下學海堂前』、『海外神僊』純是鄧石如法；『舞叟隸古』、『倚劍眠琴之館』二印則牧甫法乳；『無沙長年』擬漢印，刀法極爽利；而『名初畫象』一鈕，則參以鏡銘文字之趣也。

無沙長年　海外神僊　舞叟隸古　名初畫象　家在越王臺下學海堂前　倚劍眠琴之館

六五 陳 融

陳融（一八七六——一九五五），字協之，又號顒菴，别署松齋。祖輩寄寓廣州，遂爲番禺人。辛亥革命後，曾在司法界任職多年。惟其學養實以詩、書法、篆刻爲歸。嘗在越秀山麓築『顒園』，以爲論文談藝之所，冒鶴亭等老輩均曾作客是間，文酒之會，一時稱盛。抗戰時期避居越南，抗戰勝利後返粤。一九四九年後去香港，臨終之年在澳門。顒菴之詩清剛深切，頗近後山、簡齋，所撰《讀嶺南人詩絶句》四千餘首，自唐張九齡以迄近代諸家，各爲詩品評，蔚爲巨製，可供研究廣東詩學者參考。詩作則有《黄梅花屋詩稿》行世。書法兼擅隸楷行草，晚年尤工草法。顒園於印曾師事劉留庵，得其勁利峭拔，因博覽今古，所以風格亦多姿多彩。其印多自篆，但亦有間倩留庵及馮康侯篆稿者，而用刀均凌厲無匹，獨具面目。『秋波琴館主人』一鈕，雖擬於讓之，惟自出機杼，剛柔疏密俱得其宜，有吴帶當風之妙，原石現藏黄氏瓦存室。『三省吾身』、『寧媛居士』兩白文印，一得整飭之美，一以沉雄見稱。『半生湖海』一鈕，如屈鋼絲，柔中帶勁。『四十行吟』在布白上亦有方圓妙結之得。上四印均見其自用譜。馬氏尚鼎書屋藏『酒熟花開二月時』一印，挺勁秀逸，自屬不凡。顒園愛蓄印，曾以所藏黄牧甫、劉留庵、馮康侯等作品及自刻印輯爲《黄梅花屋印集》多種行世。

三省吾身　秋波琴館主人　四十行吟　酒熟花開二月時　寧媛居士　半生湖海

六六 許之衡

許之衡（一八七七——一九三四），字守白，番禺人。年二十七爲副貢生，旋東渡扶桑，畢業於日本明治大學。而其心得所在，蓋在中國古典詞曲聲律之屬，尤精究周邦彦之《清真詞》。歷任北京大學國文學系教授兼研究所國學門導師。著作除自撰詞集《守白詞》兩種外，詞曲研究之作有《中國音樂小史》（商務國學小叢書本）、《曲律易知》（二卷），北京大學印行之講義有《聲律學》、《曲史》、《中國戲劇研究》、《曲選》等四種，均具細密之見。别有《重訂胭脂記傳奇》二卷行世。而《飲流齋説瓷》，則又探索古瓷之著也。曾輯《飲流齋印存》。守白治印，得古鉨老蒼參錯之妙。嘗見黄晦聞先生遺箋，上鈐諸印友所贈數十印，中有守白製印兩方，甚精妙。許氏以久居京華，極鮮返粤，及其殁也，亦埋骨燕土，是以邑人知之者反稀。其所著書目，如非陳援庵先生詳爲賜示，在粤亦無法查考也。附刊兩印，均擬朱文小鉨。『黄節』一鈕，厚樸有奇態。『燕室』一鈕，峭拔飛動，神韻宛然，尤爲難得。兩印均影自李韶清先生所藏黄晦聞遺箋。

黃節　蕪室

六七 宋岐

宋岐（一八七八——一九四三），原名壽嶢，字支山，又號之珊、芷珊、芷山。原籍山陰，以家於羊城甜水巷已三代，遂爲粤之番禺人。父澤元，能詩文書畫篆刻，支山幼承家學，而尤嗜於印。清季末葉，嘗爲廣東澄海縣鮀浦司巡檢，領五品銜。辛亥以後亦曾任事於財政、税務機構。以家中薄有産業，中年即退隱家園。即或偶出爲吏，亦爲時甚暫。閒居之餘，好刻印、集印，一九一六年，成《鳳山樓印誌》八册。首册爲其父所作以遺支山者，大部分見於《幟花盦印存》；第二至第八册則爲其自刻及所藏，藏品則瑜瑕互見，可資稱道者弗多。附刊諸印，『宋岐私印』、『寄情』擬漢印，『不妄語』、『且隨分一杯酒』意近完白，『支山金石延年』深具牧甫氣息，而『空名適自誤』一印則又浙派之遺也。六印俱見《鳳山樓印誌》。

宋岐私印

且隨分一杯酒

空名適自誤

寄情

不妄語

支山金石延年

六八　陳兆五

陳兆五（一八七九——一九五〇），原名昌齡，字兆五，號愚甫，以字行。潮安縣人。以庋藏名家書畫紈扇凡數百，因顔其居曰『百紈齋』。酷嗜書畫，皆有成就。又精於鑑藏。對鄉村教育至具熱忱，民初於里中創辦存化小學，并兼任校長，苦心經營凡三十餘年，成材甚衆。其治印以師承漢人爲主，兼採吴缶翁法，取材於石牙之外，兼及竹根、瓜蒂之屬，尤以治竹根印爲特長，有《百紈齋印存》。附刊兩印，『知音世所稀』乃竹根印，渾厚樸茂如封泥，甚見功力；『如有工夫』乃石印，韻味亦彷彿如前鈕。兩印現藏其後人陳景昭先生所。

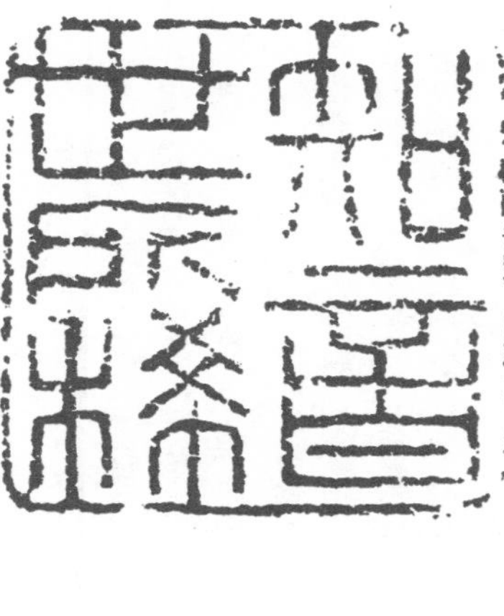

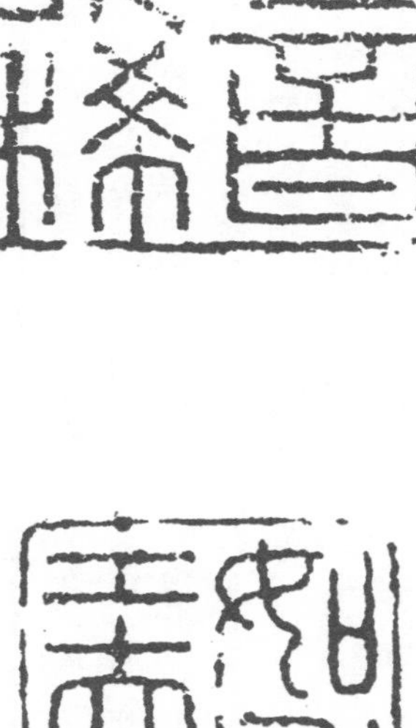

知音世所稀（竹根印）

如有工夫

六九 蔡守

蔡守（一八七九——一九四一），原名有守，字哲夫，號寒瓊，别署成城子、寒翁、寒道人。順德龍江鄉人。年十七，赴滬入震旦學校讀書，旋以議論革命，被迫流離異地，遂獲交蘇曼殊、鄧秋枚等，由是浸淫書畫金石，兼攻考訂。辛亥以後，曾以國畫任教廣東師範及嶺南大學。後又任《國粹學報》編輯。一九三六年參與故宫博物院文物鑑定工作，惜盧溝橋事變發生，其功未竟即南旋金陵客舍，憂鬱以終。哲夫舊名士習氣甚深，富收藏，真僞互見，頗廣交海内書畫文物學者，對地方文物搜求尤力，西漢間之南越木刻、玉璧、磚瓦等遺物，搜羅、整理、發表，貢獻不少。所撰文字散見雜誌，歿後，其夫人談月色爲輯印《寒瓊遺稿》乙册。一九二七年所鈐輯《集古鉩印譜》，蓋多黄賓虹所見所藏鉩印而寄與商討文字者。哲夫治印不專一家，因廣究金石，琢白填朱，每得佳趣，或自篆而倩其夫人刻之。附刊諸印，『病鎛書』、『茶壽』、『西京片木堂』俱擬古鉩，『蔡守印信』師法漢朱文，『蔡氏作鏡自有鏡』淵源漢晋鏡銘，『丁丑十一月七日太平府劫後之筆』則又碑刻之變化也。

病鎛書　蔡守印信　西京片木堂　蔡氏作鏡自有鏡　荼壽　丁丑十一月七日太平府劫後之筆

七〇　汪兆鈞

汪兆鈞（一八七九——一九〇一），字叔和，番禺人。爲汪兆鏞庶弟。少聰敏嗜學，嘗從朱棣垞（啓連）游，專攻刑名錢穀之學，擅官文書，條理明達。又善爲草書。篆刻從漢印入手，兼及元人之法，儒雅而有法度。惜年僅二十三即以病卒。汪兆鏞《椶窗雜記》卷一曾略及之。附刊諸印，『憬吾詩詞』及『憬吾』兩鈕俱擬漢法，而用刀峭折，鋒刃畢呈，實亦西泠一脉之變也；『三緘其口』純師元圓朱文，温婉文静，殊可愛也。三印均見汪宗衍先生藏譜。

憬吾

憬吾詩詞

三緘其口

七一　黄裔

黄裔，字慕韓，所居曰劬學齋。南海人。早歲習西醫，惟未嘗以此執業。家富收藏，典籍書畫拓本羅列齋中，典籍中不少爲孤本，書畫以粤人作品爲多。慕韓好詩，曾遍游日本及國内名山大川，皆有吟詠，嗜隸書，擅篆刻。卒於民國二十餘年，享年約五十。其印不宗一家，而以雅勁爲尚。附刊諸印，『謙受益』銛鋭清剛，有牧甫之風；『子樞書畫』、『劬學齋藏』、『慕韓手拓』三印蒼勁似西泠諸家；『詠雩』一鈕頗秀雅，原石藏黄氏芋園。

子樞書畫　謙受益　詠雩　慕韓手拓　劬學齋藏

七二 趙浩

趙浩（一八八一——一九四八），初字壽石，後更字石佛，又字浩公，别署半江、牛口、雪齋。台山縣人。少時學藝於裱畫肆，年二十四獲交王竹虛，遂得問繪畫之學，旋與盧振（鎮）寰兄弟組山南畫社，以摹古爲事，所仿唐宋名迹，及石濤、惲南田等之山水、花鳥，摹繪固直追原作，而落款、題跋、印章、裝裱，亦無不酷肖，令人真僞莫辨。一九二三年組癸亥合作畫社，後擴展爲廣東國畫研究會，曾一度任中山大學畫學教授，對國畫之提倡，多所建樹。著有《讀雨盦畫録》、《花鳥畫派》等書。浩公天資英發，繪畫以外，能書法，宋徽宗之瘦金書，惲南田、王夢樓、華新羅之行書，隨手寫來，都頗神似。其治印也，初只配合摹古，仿製既多，遂諳此中三昧，因嗜蓄古磚及金石拓本，故其印風貌至多，四十以後，因眼力關係，奏刀極鮮。余曾在其後人處鈐拓浩公手製自用印三十多方，輯成《趙浩公印存》，中多精彩之作。附刊諸印，即選自此譜，『雪齋所得專瓦』、『平生金石結良朋』擬古鉨；『趙浩私印』乙鈕，得漢鑄印之神髓；『趙浩公畫佛記』出入完白、黟山兩家，意態頗佳；『浩公手龕（答）』純是古磚風致；而『學我者病愛我者死』一印，則又娟娟静好，誠圓朱文之佳製也。

趙浩公畫佛記　雪齋所得專瓦　浩公手畬（答）　趙浩私印　學我者病愛我者死　平生金石結良朋

七三　李尹桑

李尹桑（一八八二——一九四三），原名茗柯，一作榠柯，號壺甫、秦齋，一九一九年得一大銀鉢，因又更號鉢齋。原籍江蘇吴縣，以家居廣州久，乃改籍爲番禺人。年少時家中薄具資産，其父復有文玩之好，與黟山黄牧甫交至稔，鉢齋在稚齡即與四兄雪濤、六兄若日（鉢齋行七）同受學於牧甫。鉢齋雖受牧甫嫡傳，而能變化，尤工於古鉢，沉雄樸厚。一九一八年，鉢齋與易大厂、鄧爾雅等十餘人組濠上印學社於廣州清水濠盛家，每周雅集，相與觀摩所作，談論心得，復出版印譜，對印學之提倡厥功頗偉。鉢齋除晚年嘗爲小吏外，均以鬻印爲生，印之流布嶺海及省外者至夥，已輯印譜有《大同石佛堪鉢印稿》、《異鈎室鉢印集存》、《李鉢齋先生印存》、《戊寅鉢印稿》；與易大厂所刻印則輯有《秦齋魏齋鉢印合稿》。門人吴仲坰等、子步昌亦通印學。鉢齋治印而外，復擅書法，楷行擬趙撝叔，頗有入處，偶亦涉筆篆隸、花卉之屬。附刊諸印，『尹桑之鉢』、『以此自娱』得古鉢沉厚雍容之象；『魏齋』一鈕則樸茂中孕挺勁；『均室』朱文小璽，布局有聚有散，刀法峭拔，非深通古璽三昧，奚能如此；『李尹桑印』法漢鑄印，得古人神理；而『薄解草書』則其本師牧甫之法乳也。

以此自娱　薄解草書　李尹桑印　垶室　麴齋　尹桑之鉨

七四 李鳳公

李鳳公（一八八四——一九六七），原名鳳廷。因梁輯古孝廉嗜其畫，請易以圖籍，故顔其齋曰易畫室。東莞人，晚居香江。擅中西畫，旁及鑄銅、雕刻、鑑古等。宣統三年（一九一一），創辦水彩畫函授學校。辛亥革命後又創廣東鑄像公司，任總技師，爲粤中新法造像之先河。其畫兼工人物、花鳥、山水，深得宋元神韻，尤於李龍眠有深契，故所作人物畫多鈐「龍眠家法」一印。有《鳳公畫範》、《鳳公畫語》、《調色法》等論著。復精古玉鑑賞，曾主編《玉雅》雜誌，并有《玉紀正誤》之作。字學瘦金體，甚得峭勁。其治印始於早年，年未三十，即摹集秦漢官私印八百餘事爲《秦漢印鏡》一書，絲毫畢肖，幾莫能辨，誠後學之津筏、藝苑之奇珍也。自一九一一年至一九二六年，鄧驥英、李茗柯、蘇偉明先後爲之序。附刊諸印，「鳳公」（大），意擬甲骨文，甚得風髓；「隴西」得法金文；「李鳳公」、「鳳公」（小），則自漢印而出；而「天地一指也」、「易畫室」兩鈕，甚得鄧完白挪讓之妙。

易畫室　鳳公　隴西　李鳳公　天地一指也　鳳公

七五　鄧爾雅

鄧爾雅（一八八四——一九五四），原名溥，又名萬歲，字季雨，『爾雅』原爲其別號，而以此行。東莞縣人。爲名儒鄧蓉鏡第四子。九歲即習篆刻，稍長見黄牧甫所刻印，深自傾佩，於是專心私淑，歷久不懈，并兼攻文字訓詁與書法之學。光緒三十一至三十二年（一九〇五至一九〇六年）留學日本習美術。歸國後嘗任教席，亦曾參軍政僚幕，然非所好，遂以鬻書治印自給。一九一四年得鄺湛若舊藏唐緑綺臺琴，越數載，爲築緑綺園以珍護之。其書法楷學鄧承修，篆法鄧石如，均能變化。爾雅之印，意擬牧甫者至多，成就至大，雖非黄氏嫡傳，而黟山法脉，實幸得鄧氏而發揚光大；亦偶擬完白山人法；俱鋒鋭挺勁，妍美光潔，於平正中變化萬端。晚年喜參用六朝碑刻文字入印，貌似元代花押，然實自具面目。又擅刻造像印，生辣挺肆，别是一番韻味。『長風萬里』、『堂上四庫書』兩印爲黟山家法。『盧瑞』及佛像印，生面别開，堪稱創作。『黄金海印』變化漢金文，舒展自如，風格獨特。『爾雅』圖案姓名印，食古能化，具見功力。

長風萬里　盧瑞　黃金海印　堂上四庫書　佛像印（一切衆生皆得佛佑）　爾雅

七六　陳延祺

陳延祺，字公壽，號静盦。番禺人。約生於清光緒十年（一八八四），卒於一九四三年，年約六十。幼嗜書法金石，於篆隸癖之尤深。印則遍攻諸家，長於小印。雖有書刻之擅，然在當時社會何能用其所學？畢生役於舊機關爲録事、校對，以維家計，而以在舊教育廳工作最久。晚年潦倒曲江，卒以精神失常而殁。附刊諸印，『丁未生』擬商周金文，『漁郎』及『黿山之後』俱法漢印。三印皆印友何作朋所鈐惠。

丁未生

漁郎

龜山之後

七七　區建公

區建公（一八八八——一九七二），新會人。執業中醫時，名見功。後以書法著名，遂鬻書課徒爲業，名滿香島，市招多出其手迹。其行楷全擬趙撝叔體，甚得嫻熟，偶爲篆隸，亦不離趙家之法。治印之舒頭讓足者，仍不脱撝叔蹊徑；然亦有師浙派者。附刊諸印，『建公醫字見功』、『郭琳海』兩鈕，意近撝叔；『區錫鵬印』則擬西泠；『學劍無成尚學書』、『南游歸後翰墨』，此又參以漢碑額，而自出機杼也。

建公醫字見功

學劍無成尚學書

南游歸後翰墨

郭琳海

區錫鵬印

七八　區夢良

區夢良，原名賚，又名龐賚，號夢園、夢宬，别署麟德石佛堪生，室名有二寉齋、金蜂書屋。南海西樵人。清光緒十四年（一八八八）生。家富有，少時即從事搜羅彝鼎、石佛、銅鏡、鉨印之屬。好與印人往還，李茗柯爲刻印數十，中多精湛之作，如『南海區賚鉨』、『夢園三十後書』兩巨鉨印即其著者。夢園刻印不宗一家，因與茗柯、爾雅接近，作風遂受影響，頗得勁利之致。一九一八年，夢園養疴家中，曾徧拓其所藏印爲《夢園藏印》四册，又以己作及印友爲其所刻印輯爲《夢園印存》二册。附刊三印，乃選自《夢園印存》，『歲在戊子我生之初』仿古鉨，『龐賚私印』擬殳篆，『夢園餘事』變化漢金文，俱儒雅有法度。

歲在戊子我生之初

龎賫私印

夢園餘事

七九　簡琴齋

簡琴齋（一八八八——一九五〇），原名經綸，亦字琴石，别署萬石樓主。番禺人。中年曾任職南洋兄弟煙草公司，漫游南洋及歐美後，居滬濱至久。琴齋研究書法篆刻垂數十年。書法兼工各體，自甲骨、金文、漢隸、章草，乃至六朝碑刻，都無不精熟。喜用宿羊毫及麻筆揮寫，取其枯老古拙，尤以漢隸最得神味，康有爲以爲蒼深樸茂，直入漢人之室。篆亦雄奇古厚。其篆刻主要師法周秦古鉩及漢印，以放逸而沉厚見稱，結構錯落參差，用刀追求趣味，不事整飾，往往頗得佳趣。偶以甲骨文入印，亦饒有古韻。邊款功力甚深，隨手刻來，篆隸章草都别具風致。晚年偶用書法效作文人畫，疏淡幽雅，亦自不凡。抗戰後定居香江，設『琴齋書舍』授徒，從游習藝者甚夥。作品有《甲骨集古詩聯》、《琴齋書畫印合集》（己卯第一集、丁亥第二集）、《千石樓印識》、《琴齋印留》等。附刊諸印，『意到幽深』擬漢朱文印，刀辣意閑；『取舍不同』、『千萬石居』、『綸鉥』均師法古鉩，傾側取勢，妙意天成；『濟』一鈕，意擬六朝碑刻，甚饒奇趣。

取舍不同　意到幽深　虎（肖形印）　濟　千萬石居　綸鉢

八〇 談月色

談月色（一八九一——一九七六），名郯，字古溶，一字溶溶，齋名有舊時月色樓、茶四妙亭、漢玉鴛鴦池館。順德人。少時於廣州月色庵出家爲尼，善誦經，每有齋醮，必居正座。民初，廣州市政當局一度取締尼姑庵，蔡守等與其事。守見月色而喜之，迎爲妾，授以墨拓全形之術，又工墨梅，習瘦金書，一時譽滿羊城。守不事家計，據聞月色每在家有餘款時，則往附近米、油、柴店賒物，旋即歸還，以是取信，蓋家有斷炊之虞時，可藉賒借也。及守歿，四出籌措爲印遺稿，是故老輩常有以婦道稱者。晚年居南京，爲文史館館員，敬老崇文，生活有托矣。年前，鄭逸梅先生寄余以沈禹鐘《印人雜詠》，中有詠月色一首，詩云：『韻事紅閨似仲姬，僑踪老向白門羈。瘦金字認談家印，比玉分書未足奇。』對其以瘦金書入印頗予稱許。附刊諸印，『力争上游』即作瘦金體；『淮南素士寓江南』及『趙卓』兩印有鄧趙合處；『千扉道人』擬漢；『鼓足干勁』則以先秦文字入印；『覺元』之『元』字脚作盤屈，此又九疊文之遺也。

力争上游　淮南素士寓江南　鼓足干勁　趙卓　千扉道人　覺元

八一　孫裴谷

孫裴谷（一八九一——一九四四），名熙，字谷園。潮州揭陽人。少從同邑畫師林瓊（亦華）問業，卓然有成。二十後游南洋新加坡，任教於端蒙華僑學校。未幾，熱愛藝術之僑胞籌辦星洲美術學院，裴谷被推爲首任院長，作育學子及宣揚祖國文化，不遺餘力，至一九二四年返國，任教於韓山師範學校，同時兼課潮陽、揭陽、汕頭諸中學，誨人不倦，若劉昌潮、羅銘、孫文斌等，均是時弟子。一九三〇年北上滬杭，隨王一亭等畫師繼續深造六法，精益求精，并恒與畫人王个簃、諸聞韻等談論畫藝，故所作筆墨灑脱，情趣盎然。越年南歸。一九三二年在汕頭開設谷園畫室，主持藝濤畫社。抗戰時期，以漫畫等進行抗日宣傳活動，後積勞成疾病故。裴谷於印，純任自然，不屑於雕琢，而尤精於竹筋印；彼製竹印皆親爲，伐竹筋歸，乃曝之，至水份乾恰，乃量材奏刀，縱横如意，不亞花乳石。一九二四年輯自刻印成《裴谷山人鈐印》。余嘗於其從子孫文斌家得觀所刻竹筋印十八方、石印一方、牙印一方，均樸茂古拙，乃假拓編集爲《孫裴谷先生竹筋印存》云。附刊皆竹筋之製，『入室有尊酒』法古鉨，『縱横萬里』及『放浪山水間』擬漢鑿印，『夢斷難尋』與『自我作古』兩鈕則得漢人鑄印之趣，而『誰是丹青第一人』又近乎完白家數也。

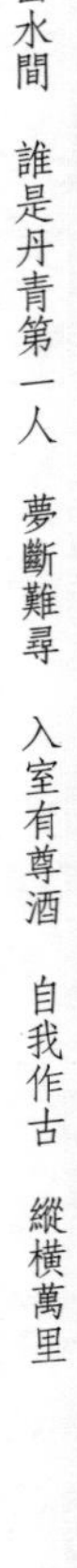

放浪山水間　誰是丹青第一人　夢斷難尋　入室有尊酒　自我作古　縱橫萬里

八二　容肇新

容肇新(一八九六——一九一五)，號千秋。東莞人。爲印人鄧爾雅之甥，金石學者容庚之弟。幼工書，初習顔平原，旋改攻北碑，兼習篆隸。刻印師事乃舅鄧爾雅，白文仿漢印，朱文仿秦小鉨，間參鐘鼎、瓦甓、鏡幣文字，於名家稱完白、撝叔、牧甫，習印才兩年，規模即具，惜以瘵疾卒，年僅二十。《廣印人傳》、《東莞印人傳》有傳。附刊諸印，『千秋』一鈕近撝叔，頗饒姿態；『臣辛』擬漢印，工穩平正；而『肇新之鉨』則又意擬古鉨之作也。

千秋　臣辛　肇新之鉨

八三　梁天眷

梁天眷（一八九七——一九五六），佛山人。一九二七年在高劍父主辦之佛山美術學院學畫。後游金陵、重慶，獲交徐悲鴻、張大千等大師，畫風大變，專宗宋元工筆花鳥，尤擅畫辛夷，甚得雅韻。書精正楷，植骨於褚遂良《房梁公碑》，而參以瘦金之法，以風華綽約見稱。印則不宗一家，彼與皖、浙印人雖善，然所作則自出蹊徑，甚文静可喜。天眷於畫於書於印，創作均嚴肅認真。藏時人書畫甚富。殁後，其家人將其大部分所藏，獻於祖廟博物館。附刊諸印，『南海梁氏』學漢鑄印；『有不爲室主書畫』、『梁紀』、『方綱』、『陳』等四方均擬古鉨，前三鈕妙於挪讓，尤見巧思。

有不爲室主書畫　方綱　陳　梁紀　南海梁氏

八四 陳朗照

陳朗照，南海人。生於清光緒二十三年（一八九七），一九四七年卒，享年五十一歲。久任職機關爲下吏，鬱鬱不得志。一九三四年至一九三五年間參加廣州天南金石社爲社員，假日即與陳大年、謝英伯等雅集番山，研習金石文字及篆刻之學，其刻印曾刊於當時之《美術》雜誌。附刊諸印，『陳朗照印』擬《天發神讖碑》，頗有韻致；『我思古人』、『丁丑』兩鈕均師法古鉨，秀致古媚，具見作者於印學深有修養。

陳朗照印　丁丑　我思古人

八五 羅叔重

羅叔重（一八九八——一九六八），原名羅瑛，以字行，先後曾名騷霞、保泰、能齊、珏、律、寒碧、紅庵、元律、迦陵、可方、厚亞。南海縣人。早年曾從事進步政治活動，中歲漸入頹唐，酷嗜酒，任性不羈，人以爲狂生。叔重能書，楷書從北碑中來，隸書於平正之中常見險筆，行草亦峭勁絶俗。畫雖曾游於程竹韻之門，所製山水，據云不盡爲其手筆，蓋專於書印詩，無暇多及於畫也。一九二六年定居香江。一九四七年，叔重年五十，曾有《羅叔重書畫集》之輯，末附篆刻及所作《三不以堂詩》。篆刻嘗從葉退菴問業，後棄用切刀，以衝刀爲事，錯落參差，每得佳趣，豈印如其人耶！一九六〇年輯自刻印成《懷遠樓印稿》。生前另輯有《羅叔重鐫石集》、《篆刻心法》、《烟滸印稿》。附刊諸印，「元律之印」尚有本師浙派風味；「春酒堂」、「不苟同」、「性與人殊」則全爲其自家本色，銛鋭痛快；「立不易方」、「溶」兩鈕，古拙如六朝造像，後一鈕爲欖核印，尤難能可貴也。

元律之印　立不易方　春酒堂　溶　不苟同　性與人殊

八六　何秀峰

何秀峰（一八九八——一九七〇），亦名念劬，號印廬。中山人。爲廣東水師提督何榆庭之子。壯歲游食京滬，暇日輒留連書肆，獲覩前賢印譜，愛不釋手，遂盡其力之所及，購歸研讀。年三十許，始學治印，而苦無師承。偶遇王福庵、易大厂諸老輩，時相過從，乃漸有所悟。一九三一年成《印廬印存》，大厂以『兩京律度』稱之。歷年購藏名家印凡千許，因顔其所居曰『千印樓』，方節庵爲印拓成譜，是爲《印廬藏印》，凡十餘册。其後迭經變亂，所藏散失過半矣。戰後閑居香港，而夙好不能遽捨，晚年復爲所作，成《冰盦劫餘印存》。時佳石殊不易得，戲取食餘桃核，稍加磨琢，然後順其天然，細心布局，印成轉多佳趣。殁後火化，遵其遺志，撒灰港外東海岸，長伴青山緑水云。附刊諸印，『筱湖無恙』、『眉仙』兩鈕，意近西泠，甚得雅静；『我香山人』、『梧桐室主』，則又元人之遺法也。各印俱見《印廬印存》，史事則爲汪孝博先生所見示。

梧桐室主　眉仙　我香山人　筱湖無恙

八七　孔儀姑

孔儀姑，字茝湘。中山縣人。出生於清末光緒間。曾肄業廣州尚美圖畫研究所，從程竹韻學畫習印，所作堪稱工穩。民國初年，女子擅篆刻者極少，茝湘所製，當時嘗刊報端。附刊兩印，『馮』字取法漢印；『忍隱草堂』則意近西泠蔣山堂，『隱』字右下本從心，漢印『隱』字每省右中之『工』，而未見省『心』者，此則不知何據矣。

馮

忍隱草堂

八八　楊雪明

楊雪明，别號鐵筆女士。出生於晚清末葉。文武俱嗜，曾肄業於廣州粵垣女子體育學校，餘事作印，擬漢人遺製，甚有法度，雖未振拔，亦自可觀。附刊兩印，『吉金樂石』用漢鑄印法，『鶴與琴書共一船』則似意擬西泠陳曼生家法也。

鶴與琴書共一船

吉金樂石

八九　劉玉林

劉玉林（一九〇〇——一九五〇），字無逸，一字語鈴，號野馬道人，又號木齋。爲劉竹庵子，印人劉留庵姪。原籍江西，其先僑居廣州久，遂爲粵人。早孤，能守家學，善各體書，精繪畫，尤長於篆刻。性耽酒，畢生沉滯下僚，家累重，恒爲生活所苦。一九五〇年十月於港九過海輪中自沉於海，年五十一。其治印初從留庵學，及留庵歿，又就教於鄧爾雅，挺勁清拔，有俊逸氣。附刊諸印，『芋園』擬牧甫，爽快利落；『詠雩』一鈕師法漢印，用刀亦佳；『南海黃肇沂收藏金石書畫印』、『張氏守駿齋藏』兩鈕，婀娜多姿，淵雅可愛；前三印藏黃氏芋園，後一印藏黃氏瓦存室；『宜有千萬』擬晚周吉語印，亦爲瓦存室藏品；『爲太平之幸老』用古鉩法，勁健有致，當爲其愜心之作。

芋園　張氏守駿齋藏　爲太平之幸老　宜有千萬　詠雩　南海黄肇沂收藏金石書畫印

九〇 黄高年

黄高年，字彭侣，新會縣人。生於清光緒二十七年（一九〇一），卒年待考。中歲旅食津門，公退之暇，即埋首治印、刻竹。一九三五年，其弟子蘇組香等彙其筆記爲《治印管見録》及《刻竹瑣言》行世，中多甘苦有得之言，非徒纂録前人成説之可比也。如云：『多讀印，是爲章法增進意境；多刻印，是爲行刀練習手勢。顧行刀求熟易，章法求妙難，故讀印較刻印宜多。』又云：『篆印時，要顧到刻印時行刀，刻印時，要回憶篆印時用筆。』均可謂經驗之談。又輯所藏古印爲《黄高年藏古印》，然真贋雜陳，不足觀矣。附刊諸印，『黄高年印』純擬漢鑄印；『隴上郭氏』雖法漢人，而輕重虚實，頗見匠心；『清香』有西泠氣息；而『新會』、『闘喬之鉩』則又古鉩之遺也。

隴上郭氏　新會　關喬之鈢　彭侶小篆　黃高年印　清香

九一　李善芬

李善芬，字德馨。台山人。黄高年婦。一九三五年，與黄高年同旅津門，并懸例鬻印。女子能印者固鮮，然公開鬻印實屬僅見。聞尚擅拓墨之術。黄高年《治印管見録》末附有其治印例。其印受乃夫影响，似未深於學古，然用刀尚不弱，亦不易也。附刊諸印，『台山女子』、『李善芬印』風格近似近人王冰鐵，轉折之間，頗見雄渾之氣，餘各印亦中規入矩，不失法度。

李善芬印　乙亥　唯德唯馨　德馨之印　台山女子　善芬拓存

九二 鄧 橋

鄧橋（一九〇一——一九三三），原名祖慰，亦名尉，字有林。東莞縣人。爲印人鄧爾雅長子。幼聰穎嗜學，隨侍筆硯之餘，即操刀習印，又好許叔重之學。嘗就讀東莞中學，稍長，隨父來廣州，曾參加濠上印學社活動，得聞易大厂、李茗柯諸父執論學，所見益廣。厠身報界有年，廣州、韶關、香港均其工作舊地。遺著有《瓦當文録》稿本，爾雅先生于一九五二年所撰《題亡兒尉所書瓦當文録》云：『吉語嘉名溯未央，故宫出土賸殘甍。何爲不改秦文字？千古胡從質漢皇！』『員轉絪繆布白舒，必追秦漢始工書。抛荒筆硯非關懶，其奈年來久索居。』載《緑綺園詩集》。有林治印純宗其父，實亦黟山法乳也，峭拔爽利，如見操刀之際，早爲父執青睞，獨惜早夭，未能多事創造矣。附刊諸印，『浩公』、『老浩』、『晝裏趁舟詩邊就夢』三鈕均擬古鉨，琢白填朱，并皆佳妙；『折蘆花贈遠零落一身秋』及『弘慮存古幽情屬詞』兩印於黟山家法外，又參漢金意趣，疏密變化，至堪品味。兩名印今存趙浩公後人處；餘三詞句印均沙孟海先生所攝惠，見其所藏易均室《穭園印鯖》（又作《稆園印精》）。

畫裏趁舟詩邊就夢　浩公　折蘆花贈遠零落一身秋　老浩　弘慮存古幽情屬詞

九三　李步昌

李步昌（一九〇二——一九七〇），字孟晋，號百忍。番禺人。李茗柯（尹桑）子。少承家學，能書擅印。年十七，爲濠上印學社社員。越兩年，又加入三餘印學社。於印藝研究，不遺餘力。其印漢印遵黄牧甫法，平直中略作險筆；鉨則全得其尊人李茗柯之指授。然功力有深淺，茗柯久以印名，早全致力於是，而步昌日則業於財會，此蓋業餘之嗜耳。一九四八年輯自刻印成《思安室治印》。時人輯有《李步昌印存》。書能大篆，小楷亦有鍾繇遺意。附刊諸印，『植趣廔（樓）』、『雙虎居』、『思安室』，均爲自製齋號印，均得古鉨神髓；『思安室藏書印』、『百忍李步昌印』兩鈕，則又牧甫遺法也；『李步昌』爲手鑿白玉印，殊不易作，甚有漢鑄印韻致。諸印均鈐自其家藏。

植趣廔（樓）　思安室　李步昌　思安室藏書印　雙虎居　百忍李步昌印

九四　關春草

關春草（一九〇三——一九四八），原名報，亦名善，字藻新，又字春雷、寸草，後更字春草，以字行，所居曰益齋。南海縣人。家富收藏，以鑑別古瓷馳譽粵滬。能詩、書法及篆刻，但不苟作。篆刻力追秦漢，尤工朱文小鉩；每製一印，意有不愜，往往磨去三數次，至適意而後可，有《益齋印草》。一九二七年輯《鑠礫齋三代古匋文字》一册。春草收藏古鉩印凡數百，其中朱文小鉩可百鈕，曾手拓成《春草藏鉩》乙册，近世粵人藏鉩之富，春草幾與商契齋相埒，寢饋於斯，故所作恒神與古會。春草晚居香江，客死申江，聞其粵滬兩地藏品均已星散矣。附刊諸印，『關六』、『春雷』得朱文小鉩之清麗，雖極勻整，而不失於拘滯；『關報之鉢』、『寸草藏匋』、『甲申』均擬白文鉩，前者得其茂密嚴謹，後者屈伸變化，尤爲精妙；『關』字一鈕，意追漢朱文，矩矱宛在。『關六』、『春雷』、『甲申』三鈕，見譚觀成先生所藏《盉齋藏印》。餘見其自用印。

關六　寸草藏匋　關　春雷　甲申　關報之鉥

九五　盛鵬運

盛鵬運（一九〇四——一九五一），字九萬。番禺人。世居穗城清水濠，舊家有濠上草堂及志讀書齋，收藏甚富。少時即以篆刻名。一九一八年，易大厂、李茗柯、鄧爾雅等創濠上印學社，即假其家雅集。是時，鵬運年始十五，所作已不讓老輩。及長，曾主陳協之黄梅花屋圖書事，後業於銀行界，刻印遂少。一九五一年病卒翁源縣銀行任所。附刊諸印，『李居端與書濠上印學社之記』，原有印款云：『戊午夏日，硯山社長負笈北行，九萬刻此，時年十五。』雖爲少作，而情趣盎然，至是欣賞；『如願』一印，亦同年所作，款擬造像，印法漢鑄，俱得神髓；『馮質文』、『拙叟』兩鈕，琢白填朱，并皆佳妙。諸印均印友何作朋所鈐惠。

拙叟　李居端與書濠上印學社之記　馮質文　如願

九六　何庸齋

何庸齋（一九〇五——一九六三），原名亦昌，字庸齋，以字行，亦號禮堂，所居曰當歸草堂、貝多羅室、大小山山堂。東莞縣人。爲羅元桐（落花）弟子。少涉書史，刻志於學，嘗厠身報界，好蓄古今書畫典籍，善書法，尤工篆刻，有《庸齋印集》（三卷）行世，羅元桐於序中謂其所作結體藏剛健於纖瘦，刀法宛而能遒，勁而能嫵，布白因形爲態，牝牡相顧，洵爲的言。庸齋之子天喜，亦通印學。附刊諸印，朱文印『有人花底祝長生』、白文印『宵征』，剛秀光潔如牧甫；『梅花初月』圓轉而挺健，有完白山人遺意；『庸齋』擬朱文古鉨，『篔簹山館』擬漢印，雖意趣不同，而樸茂之致則一也。

梅花初月　有人花底祝長生　篔簹山館　宵征　庸齋

九七　余仲嘉

余仲嘉（一九〇八——一九四一），原名衍猷，以字行，號默尊者。南海縣人。生聾啞而頗具天賦。雖不能誦讀詩書，惟其父楚帆先生教以字義、書法，輒即領悟。家富收藏，見書畫篆刻名迹，每得神會，遂從事摹仿創作，所作恒獲前輩賞識，印人鄧爾雅因樂授以篆刻之法。仲嘉書學顔平原，篆摹《石鼓》，偶亦涉筆山水，而尤精竹刻，扇骨、秘閣、筆筒之屬，俱稱精能。當其游滬欲從吴缶老問業時，適遇嘉興刻竹名手張氏昆仲，得其細意指點，奥秘盡悉，刀法爲之猛進，直趨步明清大家，聞以刻鄧爾雅之書、鄧誦先之畫最爲精妙。浙江金石家褚德彝因載其事迹於《竹人續録》。仲嘉治印，由黄牧甫而上窺秦漢，用刀爽利，結字於平正中求變化，光潔妍美，惜乎不永其年，僅三十四歲而卒。『金石刻畫臣能爲』印厚樸沉健；『容祖椿晚號圓叟』則得勁峭之姿；而『李棪校記』一鈕，整飭儒雅，尤爲可貴；『沈如瓊』擬古鉨，銛鋭爽快，屈伸有度；『梅屋』、『容安居士』兩朱文印，俱變化牧甫，而自具面目。

金石刻畫臣能爲　李棪校記　容安居士　梅屋　容祖椿晚號圓叟　沈如瓊

九八　張奔雲

張奔雲（一九〇九——一九六九），一名明文。龍川縣人。早年業新聞記者，好文藝，曾涉獵繪畫而不能入。治印學陳語山，得其銛鋭痛快，二三十年前即懸潤例於韶關、廣州等書畫肆中。隸書初私淑林直勉，四十以後得遇吴子復先生，執贄爲弟子，由是書藝大進。晚歲以鍛製刻刀爲事，遠近争寶之。附刊諸印，『依農』有乃師風致，『依農三十以後所作』、『蒼山如海』學漢法；『京劇人物』、『戲墨』、『番禺』等三方均爲老畫師關良所作，各得其妙。

依農　京劇人物　戲墨　蒼山如海　番禺　依農三十以後所作

九九　張祥凝

張祥凝（一九一一——一九五八），别號作齋居士，其書齋曰項鍾廬。番禺縣人。七歲喪父，比長即游於藝。初嗜攝影，後轉攻書畫篆刻，均有成就。所攝風景，恒以國畫構圖出之，頗具民族風格。書法董香光，而能變化。擅山水，多擬大癡、華亭、婁東王氏，尤醉心九龍山人王孟端，用筆蒼潤，有元人風致。其治印曾得鄧爾雅指授，初學黄牧甫，後旁窺趙撝叔，并上追秦漢，尤精小鉨，疏秀婀娜，似欹反正，人罕能及。在廣州淪陷期間，鬻迫於生活，假製牧甫印不少，竟至亂真。晚居香江。作齋天分甚高，惜爲阿芙蓉所害，未能專其所學。附印六方，『張季子』、『容庚』兩鈕俱擬古鉨，一朱一白，備極神采；『容庚印信』擬漢朱文，渾厚樸茂，疏密得宜，實爲精湛之作；『黄海』一印師法吴《天發神讖碑》，頗得其趣；『長樂』印於漢吉語印中習見，惟此作用刀爽潔，自是黟山法乳；佛像印亦形神兼備。

容庚印信　黃海　張季子　長樂　佛像印　容庚

一〇〇　馮衍鍔

馮衍鍔（一九一一——一九五四），字霜青，齋號曰雙清閣。番禺黄埔人。幼讀書廣州，比長，習法學於上海，歸粤後任職財政、銀行及對外貿易機構有年。晚歲執教香江，并卒於是。工倚聲，詞宗馮延巳，有《翠瀾堂詞稿》兩卷。霜青治印，曾游於李尹桑之門，工小鉩漢印。一九三四年至一九三五年間，與陳大年、謝英伯等組天南金石社相攻錯。嘗與李天馬同輯《李鉩齋先生印存》。一九三七年又以集拓牧甫刻石五十餘方成《雙清閣鐵書經眼録》。附刊諸印，『王蘧』擬漢鑄印之整飭者；『王緩』一鈕，甚有玉印風致；餘『霜青長壽』亦佳。各印俱見抗戰前廣州所刊《美術》雜誌。

王蘧　霜青長壽　王綏

一〇一　李澤甫

李澤甫，原名惇閏，入塾更名澤，及冠字澤甫，後以字行。室名叢桂書室、容安居、閏齋、羅賓山館。開平人。生於一九一二年，卒於一九九七年。一九三四至一九三五年間，與陳大年、謝英伯、黄文寬等組天南金石社於廣州番山，相與研求金石考訂及篆刻之學，其印宗趙撝叔，甚得神韻。一九四六年定居香江。附刊諸印，『達兼』及『芳草有情夕陽無語』兩鈕，得撝叔朱文印之婀娜有致；『恨古人不見吾狂耳』下邊略重，『人』、『不』二字特空，互相呼應，而數字殘連，均出匠心；『梁兆銘印』擬漢印，『丙子』取法古鉨，對稱而有變化，佳製也。

芳草有情夕陽無語　丙子　恨古人不見吾狂耳　達兼　梁兆銘印

一〇二　潘楨幹

潘楨幹，又名貞干，一作楨榦、静安。番禺人。生於一九一六年，卒於二〇〇〇年。少嗜書法、篆法，富有才氣。一九三五年北游滬濱，鑑賞家以得其一印爲幸。其印風格有二：豪放者，似攝昌碩、牧甫之神而自出機杼，字則利落而喜作側欹之勢，印邊每重其下而斑駁陸離，甚得奇趣；整飭者則又全宗牧甫，故易大厂嘗譽其印可當牧甫半席。附刊諸印，『觀成讀書記』純是牧甫家法，『院長落花』則有讓之姿致，而『芷君』一鈕又近似昌碩；至『書法主任楨榦』、『南方學生即席揮毫印』兩方，固自家風範，尤足珍貴。

觀成讀書記　芷君　南方學生即席揮毫印　院長落花　書法主任楨榦

原稿、修訂稿對照表

傳主	初版文字	修訂文字
袁登道	生於明萬曆間	約生於明萬曆十四年（一五八六）
鄧逢京	鄧玄度	鄧雲霄（玄度）
張穆	明萬曆三十五年（一六〇七）生，享年八十餘，卒年待考	明萬曆三十五年（一六〇七）生，清康熙二十二年（一六八三）卒，享年七十七歲
黃仲亨	生活於明萬曆、天啓、崇禎間	生於明萬曆四十五年（一六一七），卒年待考
何楫	《圖書會要》	《嘉顯堂圖書會要》
謝景卿	生年待考，卒於嘉慶十一年（一八〇六）	生於雍正十三年（一七三五），卒於嘉慶十一年（一八〇六）十二月十五日至次年一月二十三日之間
	《鷄筋草》	《雞肋草》
	《秦漢銅章撮要》	《秦漢銅章撮集》
		增加『《雲隱印稿》十册』
馮敏昌	爲乾隆戊戌年（一七七八）魚山三十一歲時所作	爲乾隆戊戌年（一七七八）魚山三十二歲時所作
黎簡		增加『生於南寧』
尹右	生活在清道光、咸豐、同治間	生於乾隆二十一年（一七五六），卒於道光十五年（一八三五）
	《廣印人傳》	《廣印人傳》補遺

傳主	初版文字	修訂文字
謝雲生	謝云生，南海人。生活於清乾隆、嘉慶間	謝雲生，一作云生，字青巖。南海人。生於乾隆二十一年（一七五六），卒於道光三年（一八二三）
謝蘭生	號灃浦	號灃浦
黃鑰	輯雅堂	緝雅堂
彭泰來	乾隆五十五年（一七九〇）生	乾隆五十五年（一七九〇）生，同治六年（一八六七）卒
李魁	約生於清道光間，年七十而卒	生於乾隆五十七年（一七九二），卒於光緒四年（一八七八），享年八十七歲
		增加『道光二十八年（一八四八）輯自刻印成《斗山印譜》四册』
陳澧	陳灃	陳澧
		增加『番禺人』
柯有榛	又有《里木山房印存》二卷	同治三年（一八六四）有《里木山房印存》二册
孟鴻光	梅雪開編挹古香，芝泥紅艷燦成行	梅雪開徧挹古香，芝泥紅艷燦成行
	《味古堂印存》	馮兆年輯《味古堂印存》
周大常		增加『號典亭』
	《泰崖篆刻集》	《泰崖篆印集》
	南海丁芳於撰序既畢，詩以彰之	南海丁芳蘭谷氏撰序既畢，詩以彰之

傳主	初版文字	修訂文字
余曼盦	余曼盦，亦號萬莽	余曼盦，名谷賓，亦號萬莽、邁莽
余曼盦		增加「輯自刻印成《曼陀花館印存》、《曼陀盦印譜》」
何瑛	同治元年（一八六一）成《百美名印譜》	同治元年（一八六二）成《百美名印譜》
何瑛	二年（一八六三）復成《月令七十二候印譜》	三年（一八六四）復成《月令七十二候印譜》
謝曜	謝燿	謝曜
張敬修	字德圃	字德甫
張敬修	唐緣綺臺琴	唐綠綺臺琴
張敬修		增加「生前輯自刻印成《可園印譜》」
何昆玉	出生於清道光九年（一八二九），卒於光緒二十二年（一八九六）以後，具體年份不詳，享年約七十歲	出生於清道光九年（一八二九），卒於光緒二十五年（一八九九），享年七十一歲
何昆玉		增加「《端州何昆玉印稿》」
何昆玉	其《吉金齋古銅印譜》，收印凡一千二百餘方	其《吉金齋古銅印譜》、《吉金齋古銅印譜續》，各收印凡一千二百餘方、二百餘方
何昆玉	晚年刻成《百舉齋印譜》	晚年輯成《百舉齋印譜》十二册
宋澤元	一號華庭	一號華庭、懺華翁，齋室名息園
宋澤元	所作曾輯爲《懺花盦印存》四卷	所作曾於光緒二十八年（一九〇二）輯爲《懺花盦印存》四册
李文田		增加「後人輯有《李文田印存》」

傳主	初版文字	修訂文字
何瑗玉	其手拓《漢印精華》乙册	光緒四年（一八七八）與兄昆玉手拓《漢印精華》乙册
	『雲海飛鴻』作於咸豐乙卯（一八五五），時年才逾二十	『雲海飛鴻』作於咸豐乙卯（一八五五），時年才十六歲
		增加『禹明主人』
黃雲紀	書齋曰鳳條館	書齋曰雙鳳條館
	生於清道光二十二年（一八四二），卒於民國初年，享年七十餘歲	生於清道光二十二年（一八四二），卒於一九一二年，享年七十一歲
	所作有《忍齋百忍印譜》	所作有《忍齋百忍印譜》四卷（一九一一年輯）
莫善元		增加『號笠齋』
	楊洞（紀卿）	楊炯（紀卿）
潘飛聲	號歸盦	號水晶盦道人、歸盦
	所居曰翦淞閣、水仙盦	所居曰翦淞閣、水晶盦
江逢辰	母歿，哀毀逾恒，遂卒，年四十一歲	母歿，哀毀逾恒，遂卒，年四十二歲
	『翩高』一印刻於光緒丙申（一八九六），時年三十七歲	『翩高』一印刻於光緒丙申（一八九六），時年三十八歲
柯兆明	同治間所刊《里木山房印存》，即輯其作品十餘方於内	同治三年（一八六四）所刊《里木山房印存》，即輯其作品十餘方於内
柯兆良	《里木山房印譜》	《里木山房印稿》

傳主	初版文字	修訂文字
羅岸先	因名其畫室曰竹居	因名其畫室曰有竹居
蘇展驥	生於清咸豐末葉，卒於光緒晚期，具體年份待考	增加「器父、若瑚」 生於清咸豐末葉，卒於光緒二十五年（一八九九）
曾　益	約生於清咸豐十年（一八六〇）前後，享年約七十餘歲 兩印均作於光緒二十三年（一八九七）前後，時約三十七歲	生於清咸豐十年（一八六〇），卒於一九三〇年，享年七十一歲 兩印均作於光緒二十三年（一八九七），時年三十八歲
李宗顥	清同治元年（一八六二）生，民國初年爲土匪伏擊斃命於鄉，年未六十，具體年份待考 至光緒末，仍僅得正八品之湖南衡洲府經歷一職	清同治元年（一八六二）生，一九二一年爲土匪伏擊斃命於鄉，享年六十歲 至光緒末，仍僅得正八品之湖南衡州府經歷一職
劉慶崧	字邦孫，號留庵 生於清同治三年（一八六三），卒於一九二〇年前後，具體年份待考	字聘孫、邦孫，號萍僧、留庵 生於清同治二年（一八六三），卒於一九二〇年
伍德彝	《綠杉軒印譜》六卷	懿莊集古今人篆刻成《綠杉軒印譜》六册
吴趼人	撰有《二十年目睹之怪現象》、《恨海》、《痛史》等小説、戲劇、雜文等約二十種 晚年主辦廣志兩等小學	撰有《二十年目睹之怪現狀》、《恨海》、《痛史》等小説、戲劇、雜文等三十餘種 光緒三十三年（一九〇七）主辦廣志兩等小學
楊其光	字崙西	字崙西，一作崙西，又字公亮，號花笑客
胡　曼	曼未	曼叔

傳主	初版文字	修訂文字
易孺	易孺（一八七二——一九四一）	易孺（一八七四——一九四一）
	別署易　、韋齋、考穀	別署韋齋、孝穀
	晚年居滬，歷任暨南大學、國立音專等校教授	一九二三年居滬，歷任暨南大學、國立音專等校教授
	《大厂集宋詞帖》	《大厂集宋詞聯帖》
	《華南新葉特刊》	《華南新業特刊》
	《秦齋魏齋鉨印合集》	《秦齋魏齋鉨印合稿》
程竹韻	又設尚美畫社授徒	宣統二年（一九一〇）又設尚美畫社授徒
葉期	生於清同治年間，卒於一九一四年以後，具體年份待考	生於清同治年間，卒於一九一四年
陳維湘	幼隨父泰初游宦粵西，盡攬山水之奇	幼隨父泰裕游宦粵西，盡攬山水之奇
		增加「生前輯自刻印成《聽香池館印譜》」
	「潘衍桐印」一鈕，乃爲南海潘盉父所刻	「潘衍桐印」一鈕，乃爲南海潘嶧盉（琴）父所刻
陳融	陳融（一八七六——一九五六）	陳融（一八七六——一九五五）
		增加「抗戰時期避居越南，抗戰勝利後返粵。一九四九年後去香港，臨終之年在澳門」
	曾以所藏黄牧甫、劉留庵、馮康侯等作品輯爲《黄梅花屋印集》多種行世	曾以所藏黄牧甫、劉留庵、馮康侯等作品及自刻印輯爲《黄梅花屋印集》多種行世
許之衡	許之衡（一八七七——一九三五）	許之衡（一八七七——一九三四）
	年二十六爲副貢生	年二十七爲副貢生

傳主	初版文字	修訂文字
許之衡	歷任北京大學國文系教授兼研究所國學門導師、北京師範大學講師	歷任北京大學國文學系教授兼研究所國學門導師
		增加『曾輯《飲流齋印存》』
宋岐	又號芷山	又號之珊、芷珊、芷山
	一九一六年，成《鳳山樓印誌》八卷。卷首爲其父所作以遺支山者……卷一至卷八則爲其自刻及所藏	一九一六年，成《鳳山樓印誌》八册。首册爲其父所作以遺支山者……第二至第八册則爲其自刻及所藏
趙浩	年十七獲交王竹虛，遂得問繪畫之學	年二十四獲交王竹虛，遂得問繪畫之學
	盧鎮寰	盧振（鎮）寰
李尹桑	李尹桑（一八八〇——一九四五），原名茗柯	李尹桑（一八八二——一九四三），原名茗柯，一作榠柯
	《異鈎堂鉥印集存》	《異鈎室鉥印集存》
李鳳公	李鳳公（一八八三——一九六七）	李鳳公（一八八四——一九六七）
		增加『晚居香江』
鄧爾雅	八歲即習篆刻	九歲即習篆刻
區夢良	《夢園印存》乙册	《夢園印存》二册
簡琴齋	抗戰後設『琴齋書舍』授徒	抗戰後定居香江，設『琴齋書舍』授徒
	作品有《甲骨集古詩聯》、《琴齋書畫印合集》、《千古樓印識》、《琴齋印留》、《己卯第一集》、《丁亥第二集》等	作品有《甲骨集古詩聯》、《琴齋書畫印合集》（己卯第一集、丁亥第二集）、《千石樓印識》、《琴齋印留》等

傳主	初版文字	修訂文字
談月色	談月色（一八九一年生，得年七十餘，具體年份待考）	談月色（一八九一——一九七六）
孫裴谷	孫裴谷（一八九二——一九四五），字谷園	孫裴谷（一八九一——一九四四），名熙，字谷園
	三十後游南洋，任教於端蒙中學	二十後游南洋新加坡，任教於端蒙華僑學校
	至一九二四年返國。旋北上滬杭，隨王一亭畫師繼續深造六法，精益求精，并恒與畫人王个簃、諸聞韻等談論畫藝，故所作筆墨灑脱，情趣盎然。越年南歸，授徒於韓山師範學校，同時兼課潮陽、揭陽諸中學，誨人不倦，若劉昌潮、羅銘、孫文斌等，均是時弟子	至一九二四年返國，任教於韓山師範學校，同時兼課潮陽、揭陽、汕頭諸中學，誨人不倦，若劉昌潮、羅銘、孫文斌等，均是時弟子。一九三〇年北上滬杭，隨王一亭等畫師繼續深造六法，精益求精，并恒與畫人王个簃、諸聞韻等談論畫藝，故所作筆墨灑脱，情趣盎然。越年南歸。一九三三年在汕頭開設谷園畫室，主持藝濤畫社。抗戰時期，以漫畫等進行抗日宣傳活動，後積勞成疾病故
		增加「一九二四年輯自刻印成《裴谷山人鈐印》」
	《孫裴谷竹筋印存》	《孫裴谷先生竹筋印存》
梁天眷	一九二七年在高劍父主辦之佛山美術學校學畫	一九二七年在高劍父主辦之佛山美術學院學畫
陳朗照	生於清光緒末年……一九四七年前後，年未五十而卒	生於清光緒二十三年（一八九七），一九四七年卒，享年五十一歲
羅叔重	羅叔重（一八九八——一九六九）	羅叔重（一八九八——一九六八）
		增加「一九二六年定居香江」
		增加「一九六〇年輯自刻印成《懷遠樓印稿》。生前另輯有《羅叔重鐫石集》、《篆刻心法》、《烟滸印稿》」

傳主	初版文字	修訂文字
孔儀姞	字茝湘	字茝湘
劉玉林	劉玉林……一九五〇年十月於港九過海輪中自沈於海，年約五十	劉玉林（一九〇〇—一九五〇）……一九五〇年十月於港九過海輪中自沈於海，年五十一
黃高年	生於十九世紀末葉至二十世紀初葉	生於清光緒二十七年（一九〇一）
鄧橘	《題亡晚尉所書瓦當文録》	《題亡兒尉所書瓦當文録》
	《櫓園印鯖》	《穭園印鯖》（又作《稆園印精》）
李步昌	李茗柯子	李茗柯（尹桑）子
		增加「一九四八年輯自刻印成《思安室治印》。時人輯有《李步昌印存》」
		增加「一九二七年輯《鑠礫齋三代古匋文字》一冊」
關春草	春草客死申江，聞其粵滬兩地藏品均已星散矣	春草晚居香江，客死申江，聞其粵滬兩地藏品均已星散矣
盛鵬運	曾主陳協之黃花屋圖書事	曾主陳協之黃梅花屋圖書事
余仲嘉	《續竹人傳》	《竹人續録》
張奔雲	張奔雲（一九〇八—一九六九）	張奔雲（一九〇九—一九六九）
張祥凝	張祥凝（一九〇九—一九六〇）	張祥凝（一九一一—一九五八）
	其書齋曰項鐘廬	其書齋曰項鍾廬
		增加『晚居香江』

傳主	初版文字	修訂文字
李澤甫	李澤甫，南海人。生於清光緒末葉。一九三四至一九三五年間，與陳大年、謝英伯、黃文寬等組天南金石社於廣州禺山	李澤甫，原名惇誾，入塾更名澤，及冠字澤甫，後以字行。室名叢桂書室、容安居、誾齋、羅賓山館。開平人。生於一九一二年，卒於一九九七年。一九三四年至一九三五年間，與陳大年、謝英伯、黃文寬等組天南金石社於廣州番山
		增加『一九四六年定居香江』
潘楨幹	潘楨幹，又名楨干。南海人。約生於二十世紀一十年代之初	潘楨幹，又名楨干，一作楨榦、靜安。番禺人。生於一九一六年，卒於二〇〇〇年
	一九三六年北游滬濱，鑑賞家以得其一印爲幸	一九三五年北游滬濱，鑑賞家以得其一印爲幸

編後記

《廣東印人傳》是馬國權先生早年撰寫的廣東篆刻家傳記匯録，計收明清以降至民國時期廣東籍印人一百零二人，存印近五百方，間附邊款，是地方性印人傳記著作中最重要、也最知名的一種。

馬國權先生是著名的書法篆刻家、長於史論研究的學者，在蒐集、整理書法篆刻文獻方面用力甚勤，碩果頗豐。其印人傳所涉傳主或爲其前輩大師，或爲其經年友朋，抑或爲其研究對象，所撰文字温潤秀雅，多書卷氣，其視野也宏闊，其文獻也扎實，其辭采也斐然，既具豐厚的資料性，又有很强的可讀性。

本書的許多篇幅開始是在報紙上連載發表的，一九七四年經作者結集增補後，在香港首次出版。時隔近半個世紀，本書依然受到廣大讀者的喜愛和追捧。本次出版最大程度上保留了初版的編排體系，並在此基礎上規範了大量的港版字體，對傳主的生卒年月、姓名字號、生平事跡、著述情況等也做了必要的修訂補充，仍以印人生年爲序進行編排調整。書末附初版文字與修訂文字對照表，以分别尊重作者的原文與茅子良先生的修訂文字，並供讀者參閲。

編　者

二〇二二年冬月

圖書在版編目（CIP）數據

廣東印人傳/馬國權著；茅子良訂．-- 上海：上海書畫出版社，2023.2

ISBN 978-7-5479-3036-6

Ⅰ．①廣… Ⅱ．①馬… ②茅… Ⅲ．①篆刻家-列傳-廣東 Ⅳ．①K825.72

中國國家版本館CIP數據核字（2023）第033713號

廣東印人傳

馬國權 著　茅子良 訂

責任編輯　陳家紅
審　　讀　曹瑞鋒
責任校對　黄　潔
封面設計　王　峥
技術編輯　包賽明

出版發行　上海世紀出版集團
　　　　　上海書畫出版社
地　　址　上海市閔行區號景路159弄A座4樓
郵政編碼　201101
網　　址　www.shshuhua.com
E-mail　shcpph@163.com
製　　版　上海久段文化發展有限公司
印　　刷　上海中華印刷有限公司
經　　銷　各地新華書店
開　　本　889×1194mm　1/32
印　　張　7.25
版　　次　2023年3月第1版
　　　　　2023年3月第1次印刷

書　號　ISBN 978-7-5479-3036-6
定　價　78.00元